岡本　薫著

著作権の考え方

岩波新書

869

はじめに――「一億総クリエーター、一億総ユーザー」の時代が来た

最近、テレビのニュースや新聞報道などで、「著作権」ということばを聞くことが急に多くなった。著作権のルールとは、要するに「他人がつくったコンテンツを無断利用してはいけない(パクってはいけない)」という単純なものであり、一〇〇年以上前から国際的な共通ルールとされているものである(現在一般に「コンテンツ」と呼ばれているものは厳格に定義されていないが、著作権法で保護されるものと大部分重なっていると思われるので、本書では、「著作権法の保護対象」と「コンテンツ」とを、同義語として用いる)。日本が著作権法を初めて作ったのは一八九九年(明治三二年)であり、このとき同時に、基本条約である「ベルヌ条約」にも加入した。これは、幕末に締結されたいわゆる不平等条約の解消について、西欧各国から課された条件だったのである。

そのように長い歴史を持つものが最近になって急に脚光を浴びるようになったのは、「一億総クリエーター、一億総ユーザー」という時代が突然に訪れたためである。かつて、コンテン

ツを利用するための「印刷機器」や「送信設備」は、「一部業界の一部のプロ」に独占されていたが、いまや多くの人びとが、コピー機、デジカメ、携帯電話、パソコン、インターネットなどの「コンテンツ創作手段」「コンテンツ利用手段」を手に入れている。著作権と特許権の間には様々な違いがあるが、最大の違いは、特許権が依然として「プロ」の世界のものであるのに対して、著作権は「すべての人びと」に関係するようになっている、ということであろう。

こうした時代が突然に訪れ、大過渡期に突入したため、日本が最も遅れている「契約・ビジネス」について様々な混乱が見られるほか、その基礎となる「法律ルール」についても、一部の業界が条約違反の非現実的な「権利切り下げ」を主張している一方で、レコードやゲームソフトなどの業界は、逆に「我々は日本の基幹産業。他の業界より優遇され、強い権利を与えられて当然」などという主張を展開しつつある。このような状況にあって、「すべての人びと」が著作権を自分の問題として考え、「法律ルール」についても「契約・ビジネス」についても、自ら判断し行動することが求められる時代を迎えている。

本書は、そうした急速な変化の中で、日常の生活・仕事のために著作権ルールを知ろうとする人びとだけでなく、次の時代の著作権を考え、自ら行動しようとする人びとのために、著作権というものの本質や最新の動きについて、個人としての見解を述べようとするものである。

目次

著作権の考え方

第一章　避けて通れなくなった「著作権」

1 「一部業界のプロ」から「すべての人びと」のものへ

「使用」と「利用」の違い

著作権について考えるためには、まず、著作権の世界における「使用」と「利用」の違いについて知っておく必要がある。「他人がつくったものをパクッてはいけない」というときの「パクリ」とは、要するに「無断で使う」という意味であるが、この「使う」ということについて、著作権の世界では二つの概念がある。ひとつは「使用」で、もうひとつが「利用」だ。

まず「使用」とは、「そのコンテンツをつくった人の了解を得なくてよい使い方」を意味する。その代表は、「本を読む」とか「CDを聴く」とか「ビデオを見る」などといった「知覚行為」だ。これに対して「利用」とは、「そのコンテンツをつくった人の了解を得なければならない」と法律で定められている使い方という意味であり、「多数コピーして販売する」とか「インターネットで広く送信する」などというのがこれに当たる。この両者の関係は、

「あらゆる使い方」－「利用」＝「使用」

という関係になっているが、著作権法の改正の多くは、「利用」と「使用」の境目を変えるも

のである。

「創作手段」「利用手段」の爆発的普及

現在の著作権法が制定されたのは一九七〇年のことだが、その時点で「日常の生活・仕事の中で、他人のコンテンツをうっかり利用してしまった」などということが、頻繁に起こり得ただろうか。「手で書き写す」というのもコピーだが、社会的に大きな影響を与えるような利用行為をするためには、印刷機や送信機などの「道具」が必要である。一九七〇年には「コンビニのコピー機」などというものは存在せず、ようやく「カセットテープ」が普及してきたころで、「家庭用ビデオ」はまだ一般化していない。送信設備にいたっては、ほとんど放送局に独占されていた。したがって一般の人びとは、「コンテンツの利用手段」を持たず、著作権について心配する必要もほとんどなかったのである。

しかし今日では、コピー機が街中に氾濫し、テープレコーダーやビデオ・ＤＶＤ録画機やデジカメを多くの人びとが持ち、インターネットに接続されたパソコンや携帯端末を、子どもから高齢者までが使う時代になっている。このため、突然にコンテンツの「ユーザー」となった多くの人びとが、「日常生活の中で、他人のコンテンツをうっかり利用してしまい、訴えられる」という危険に直面するようになった。さらに、これらの機器は「他人のコンテンツを利用する」ことにも使えるが、「自分のコンテンツを創作する」ことにも使える。つまり、多くの人びとが、「ユーザー」(利用者)」になると同時に、権利を持つ「クリエーター」にもなったわけであり、そのような「一億総クリエーター、一億総ユーザー」という時代が突然に訪れたのである。

このように、「権利者」についても「利用者」についても、従来は「一部業界の一部のプロ」だけが関係していた著作権というものが、突然に「すべての人びと」と関わるようになったため、産業界のすべてのセクターも含め、我々はまさに、「大過渡期の入口」に立っているのだ。

2 「著作権」というものの基本的な構造

(1) 「著作権」は「知的財産権」の一部

このように、「すべての人びと」のものになった著作権に関して、「法律ルール」や「契約・ビジネス」などについて考えるためには、まず、「現在の法律ルールはどうなっているのか」ということを知らなければならない。このため著作権に関する教育は、最近になって中学・高校でも必修とされているのだが、ここではまず、著作権全体の基本的な構造を見てみよう。

図1に示したように、「他人がつくったものをパクってはいけない」ということを担保するための権利の全体を「知的財産権」というが、このような権利を付与する趣旨は、基本的に「インセンティブの付与」ということである。他人がつくったもののパクりは自由——ということであれば、人は創作意欲をなくしてしまうが、「自分がガンバってつくりだしたものは、自分のものになる」ということを制度的に保障することによって、「インセンティブ」を付与することができる。それによって、価値ある創作物が国全体・社会全体として増えていくに違いない、という考え方だ。

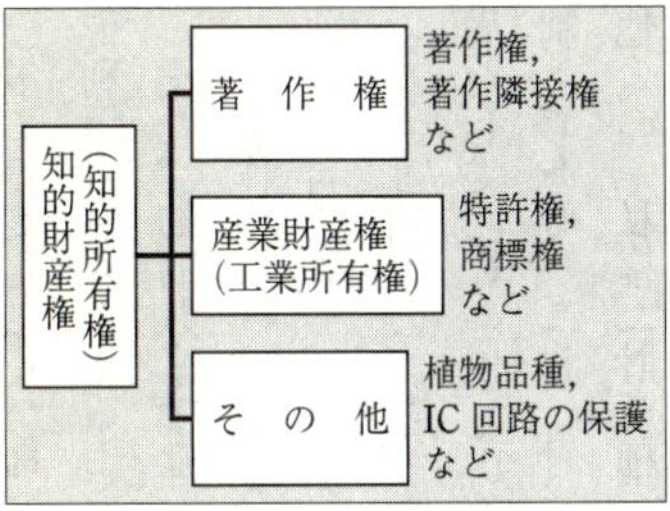

図1　知的財産権の構造

かつて日本の律令時代に「三世《さんぜ》一身《いっしん》の法」という制度（荒地を開墾して田畑をつくった人は、孫の代までその土地を自分のものにできるという制度）があったが、これが著作権に似ている。第一の類似点は「自分でつくったものは、自分のものになる」ということであり、また第二は、「孫の代まで」ということだ。後に述べるように、著作権には「保護期間」というものがあり、古いものは無断で利用できる。保護期間の基本は、「著作者の死後五

○年まで」（死亡した日の翌年の一月一日から起算する）であるが、その根拠については、「孫まで利用料がもらえるようにするためだ」と言われているのである。

また、知的財産権は「私権」であって「規制」ではない――ということに注意する必要がある。著作権は、「国際人権規約」にも規定されている「私権（人権）」のひとつである。これに対して「規制」とは、本来は人が自由にできるべきことについて、「官」が「民」をコントロールする制度のことであり、例えば、「建蔽率とか容積率とかについて、行政が作った基準を満たして許可を得ないと、自分の土地に自分の家を建てることもできない」というのが「規制」である。これに対して、「他人の土地に無断で自分の家を建ててはいけない」というのは、他人の「私権」（財産権）を侵害するからであって、「規制」の問題ではない。

さらに、知的財産権は「ルール」であって「モラル」ではない――ということにも、よく注意することが重要である。特に著作権については、「著作権を守る心や意識」などというものを持ち出す人が多いが、（「ルールを守る」という心・意識の重要性は当然として）どの程度の権利を付与するかということは、モラルではなくルールの問題として考えるべきことである。

著作権だけは「登録不要」

図１に示したように、知的財産権には大きく三種類あるが、これらの中で「著作権」のみが持つ特徴は、「権利を持つのに政府の審査や登録はいらない」(無方式主義)という国際ルールである。これは国際著作権ルールの基本中の基本だが、日本の著作権法がこれに適合したのは、既に述べた一八九九年(明治三二年)である。これに対して、アメリカの著作権法がこのルールにようやく適合したのは一九八九年(平成元年)であり、それまではアメリカの著作権保護水準の低さが大問題となっていた。

そうした状況に対応するために、©マークというものが国際的に作られた。これは、このマーク等が付された著作物は、アメリカのような保護水準の低い(すなわち、国への登録を要する)国へ持ち込まれた場合も、「登録されているものとみなす」というものだった。したがって、保護水準が高い日本やヨーロッパでは最初から無意味なものであり、アメリカがこの面についてようやく国際ルールに追いついた一九八九年以降は、国際的にもほとんど無意味なものとなっている。

現在でも、出版物やホームページ上のコンテンツなどに©マークが付されている例は多く見かけるが、これは、「©マークの次にあるのが著作者名」といったことを事実上表示しているだけで、©マークの有無によって法律上の効果が変わるわけではない。

「権利」とは

ところで、特許権についても著作権についても、「権利」ということばが当然のように使われているが、知的財産権における「権利」ということばは一般の権利とは少し違った意味を持っている。例えば、「Aさんは、X法の規定によって○○権を持っている」と言った場合、これは通常、「Aさんが、○○できる」(X法の規定がないと、Aさんは○○できない)ということを意味している。ところが、著作権の場合はこれとは違う。

例えば著作権法には、コンテンツの「コピー」に関して著作者の「複製権」というものが規定されているが、これを「著作者が自分の著作物を複製(コピー)できる、という権利」と考えてしまうと、「著作者は、著作権法で『複製権』が与えられるまでは、自分の作品を自分でコピーしてはいけなかった」ということになってしまう。そんなことはないだろう。

ここで言う「複製権」とは、「(自分の作品を自分でコピーできるのは当然として)他人が無断でコピーしようとしたら『ストップ!』と言える権利」ということなのだ。これをよく理解していないと、例えばある作曲家に「あなたは自分の作品について、著作権法によって『放送権』(現在は「公衆送信権」に統合)を持っているのですよ」と言っても「私は放送局ではないし放送設備も持っていないので、放送権なんていらない」と言われる——などということが起こる。

さらに、「無断で○○されない権利」(物権)を持っている人の了解を得て、「○○できる」という契約上の立場(債権)を得た人が、「○○権を買った」などという言い方(例えば、「放送権を持つ人から、放送権を買った」という言い方)をすると、ますます混乱が広がる。

(2)「著作権」ということばの「三つの意味」

「知的財産権」の中の「著作権」の部分は、図2のようになっている。この図に示したように、「著作権」ということばには三つの意味がある(①・②・③というのは、本書の中で、以後繰り返し登場するが、便宜上用いているだけであって、法令用語や正式の用語ではない)。

「著作権①」＝「著作権②」＋「著作隣接権」

まず、広義の著作権全体である「著作権①」は、「著作者の権利」である「著作権②」と、「伝達者の権利」と一般に言われている「著作隣接権」とに分かれる。一般の人びとが「著作権」と呼んでいるのは、通常は「著作権①」か「著作権②」であるようだ。

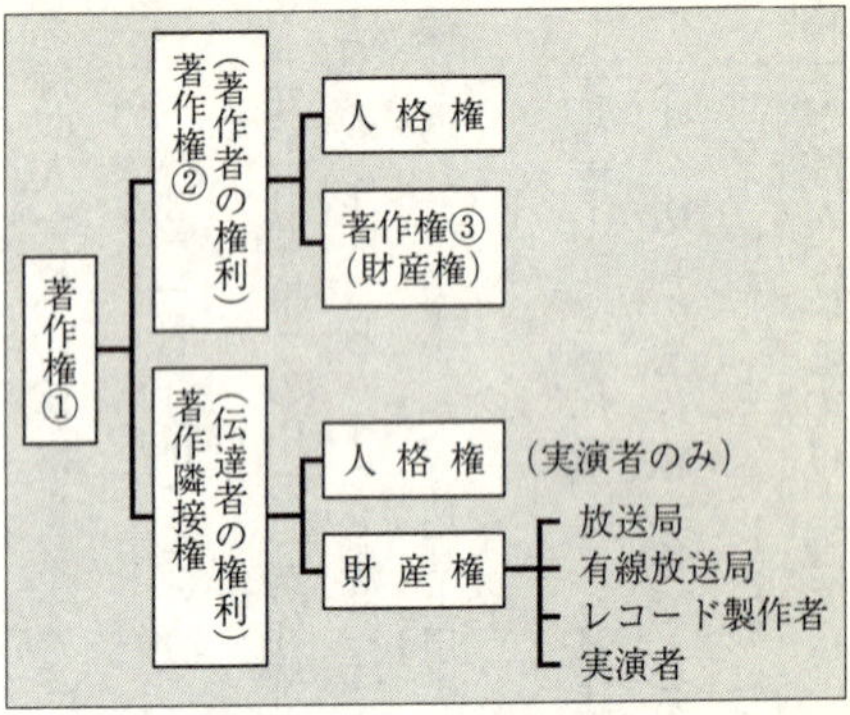

図2　「著作権」の3つの意味

「著作権②」で無断利用から保護されているコンテンツが「著作物」であり、これには、「文書・講演・詩歌・台本」「音楽」「振付」「絵画・彫刻・マンガ」「芸術的建築物」「地図・設計図・図表・模型」「写真」「動画コンテンツ」「コンピュータ・プログラム」「データベース」などが含まれる。これに対して「著作隣接権」の方は、著作物などのコンテンツを「人びとに『伝達』した人」が持つ権利と言われている。多くの国では、「著作隣接権」によって保護されるコンテンツは、「放送番組」（著作権の世界では「放送」＝「無線放送」）、「レコード」（音を固定＝録音した「原盤」のこと）、「実演」（歌手の歌や俳優の演技など）の三つとされているが、日本は国際的に見ても保護水準が極めて高いため、「有線放送番組」も保護している。

これらの中で分かりやすいのは、「放送局」（法律上の用語は「放送事業者」）が「放送番組」

について持つ権利だ。例えばテレビの「音楽番組」の場合、放送局は「音楽の創作」を行っていない。「既存の音楽」を、「電波に載せて送信する」という方法で「人びとに『伝達』している」だけである。しかし放送局は、その番組をつくる上で、「どの曲を使うか」「誰に歌わせるか」「伴奏はギターかオーケストラか」「ライトをどうするか」「背景をどうするか」「カメラをどうするか」などといったことについて、「工夫」をしている。そうした「工夫」を評価して、放送局にも権利を与えているのだ。

放送局に「権利を与える」とは、次のようなことだ。例えば、ある人がある音楽番組を無断で録画・ダビングしてビデオを多数販売した場合、その番組で使われていた音楽の作曲家は、「著作権②」を持っているので、「私の曲(著作物)を無断でコピー・販売しましたね」と言って相手を訴えることができる。さらに放送局も、「著作隣接権」を持っているため、「ウチの番組を無断でコピー・販売しましたね」と言って訴えることができる――ということだ。

こうしたことを考えると、「放送局」がしていることと「レコード会社」がしていることは、かなり似ている――ということが分かってくる。放送局が「電波」という媒体を用いてコンテンツを人びとに「伝達」しているのに対して、レコード会社は「CD」という媒体で同じことをしており、同様の「工夫」をしている。そのために、「レコード会社」にも「著作隣接権」

を与えているのである。さらに、歌手や俳優などの「実演者」(法律上の用語は「実演家」)も、「既存の歌」や「既存の脚本」や「既存の振付」を、歌唱・演技・舞踊などによって人びとに「伝達」しているだけだが、それぞれの「工夫」を評価して同様に権利が与えられているのだ。

アマチュアにも権利はある

「実演者」とは「歌手や俳優」だという説明をしたが、これは実は正確ではない。「実演者」とは「演じた人」のことであって、素人も含まれる。図2に示した権利のすべてについて、これらを持つのは「プロ」とは限らず、「すべての人びと」なのである。したがって、「子どもの作文や絵」などであっても「著作権②」で自動的に保護されるし、誰かがカラオケボックスや自宅の風呂場で歌っているときには、既に「実演者」としての「著作隣接権」を持っている。

また、「レコード(原盤)」について「著作隣接権」を持つのは「レコード製作者」(音を最初に固定=録音して「原盤」を作った人)だが、これもプロである「レコード会社」とは限らない。例えば、素人が「SLの音」や「虫の音《ね》」をテープに録音した場合、そのテープが既に「レコード」として自動的に保護されている。さらに最近では、素人でも小出力の「キャンパスＦＭ放送」などといった「放送」ができるようになったが、放送・通信に関する国内のみの

「規制」を所管する総務省の免許や許可があろうとなかろうと、コンテンツを無線で公衆向けに送信すれば、その番組について放送局と同じ権利が自動的に与えられるのだ。

もうひとつ注意すべきことは、「すべての権利は、それぞれ独立して、重畳《ちょうじょう》的に働く」ということである。例えば、本に掲載された「楽譜」として出版されている「音楽（著作物）」を、作曲家に無断でコピー・販売したような場合は、作曲家の「著作権②」を侵害するので、その作曲家から訴えられることになる。また、その曲がコンサートで演奏（実演）されているときに、会場でそれを無断で録音して販売した場合、何を録音（コピー）したかというと、「作曲家の曲（著作物）」と「演奏者の演奏（実演）」の両方だ。したがってこの場合は、「作曲家（著作者）」と「演奏者（実演者）」の両者から訴えられることになる。

さらに、そのコンサートの模様を、あるレコード会社がCDに入れて販売している場合、そのCDを無断でコピー・販売すると、「作曲家（著作者）」と「演奏者（実演者）」と「レコード会社（レコード製作者）」の三者から訴えられることになる。また、そのCDをあるFM放送局が放送しているときに、その番組を無断で録音・ダビング・市販したりすると、「作曲家」「演奏者」「レコード会社」「放送局」の四者から訴えられることになるわけだ。

「著作権②」＝「人格権」＋「著作権③」

「著作者の権利」である「著作権②」は、さらに「人格権」と「著作権③」に分かれる。これらのうち「人格権」は、「心を守る」ものであり、逆に言うと、この権利が侵害されると著作者は「不快」になる。つまり、「著作者がムカつかないようにする(精神的な損害から守る)ための権利」である。どんなことを無断でされたらムカつくか、ということ――つまり「権利の対象となる行為」については後に述べるが、条約では「無断で『改変』してしまうこと」と「著作者名を無断で『除去』してしまうこと」が規定されており、さらに日本の著作権法では「無断で『公表』してしまうこと」も、人格権の対象とされている。

これに対して「著作権③」は、「財産権」とも呼ばれているが、「財布を守る」ものであり、逆に言うと、この権利が侵害されると著作者は「損する」ことになる。つまり、「著作者が損しないようにする(経済的な損害から守る)ための権利」が「著作権③」＝「財産権」だ。この権利の対象となる行為についても後に述べるが、例えば「無断でコピー・販売する」「無断でインターネット等を用いて公衆に送信する」などといった行為がこれに含まれている。

（3）実は「アメリカ」が最も保護水準が低い

ところで、国際条約によって各国の著作権保護水準を一定以上に保っていく努力が行われているが、先進諸国の中で一番保護水準が低い国は、実はアメリカだ。アメリカの保護水準の低さが世界の著作権システムに混乱をもたらした典型的な例が、既に述べた「Ⓒマーク」だが、そのほかにも様々な問題をもたらしている。アメリカでは、まず「著作隣接権」というものが全く保護されていないし、また、著作者の「人格権」についても対象が限定されている。このため日本政府は、二〇〇一年からアメリカ政府に対して正式に、次の六項目について改善要求を突きつけている。

①インターネット対応の「送信可能化権」を著作権法に明記せよ。
(アメリカは、条約で定められたこの権利を、著作権法で定めていない。)

②「固定(録音・録画・印刷等)」されていない「生」の著作物を保護せよ。
(アメリカでは「生の著作物」は保護されていないので、例えば日米の大学間で衛星回線やブロードバンドによる合同授業が行われている場合、アメリカ側に送信された日本側の生の講義は、アメリカ国内で保護されていない。)

③「放送局」の著作隣接権を保護せよ。
(著作隣接権が保護されていないので、先進諸国のほとんどが加入している基本条約(ロ

ーマ条約）への加入を、いまだに拒否し続けている。）
④「実演者」の権利を拡大せよ。
（EUは、アメリカ著作権法について、「WTO（世界貿易機関）協定違反」と指摘した。）
⑤著作者の「人格権」の保護を拡大せよ。
（一部の著作物に限定されており、アメリカ国内でも「条約違反」と指摘されている。）
⑥「レンタル」に関する権利を著作権法に明記せよ。
（レコードとコンピュータ・プログラムに限って事実上保護しているのみ。）

このように、著作権保護の水準が低いアメリカでは、「著作隣接権」が保護されておらず、「人格権」の保護も完全でないため、保護の中心は「著作権③」となっている。「著作権③」に含まれる権利の詳細は追って述べるが、最も有名な権利は、「コピー」（複製）に関する権利である。このために英語では、著作権のことが「コピーライト」と矮小化されているのだ。

これに対して、保護水準が高いドイツやフランスでは、直訳すると「著作者権」となる用語が用いられているが、これらは日本語の「著作権」と同様に「著作権①」を意味している。したがって、アメリカ人と著作権契約を交わすときに"copyright"という用語を契約書に使ったら、「人格権はなし」「著作隣接権もなし」という意味になる危険性もあるのである。

第二章　「著作者の権利」とはどんなものか

1 「著作物」とは

(1) 著作物の種類

「著作権②」によって無断利用から保護されるコンテンツは「著作物」と呼ばれているが、これは、著作権法によって次のように分類・例示されている。

一般の著作物

○言　語　講演、座談会での発言、論文、レポート、作文、記事、小説、随筆、散文、詩、短歌、俳句、脚本、台本など
○音　楽　楽曲、歌詞など
○振　付　舞踊の振付、パントマイムの振付など
○美　術　絵画、彫刻、版画、書、マンガ、舞台装置など
○建　築　芸術的建築物(一般の家屋やビルは含まれない)
○図　形　地図、設計図、図表、図面、グラフ、数表、立体模型、地球儀など

○映　画　フィルム、磁気テープ、CD、DVD、ゲーム機のメモリーなどに「固定(録画)」されている「動画」(録画済みの「放送番組」も含む)
○写　真　写真など
○プログラム　コンピュータ・プログラム

これらが一般の著作物であるが、さらに、これらを「加工」したり、「組合せ」たりすることによって、新たに(別の著作物として)創作される、次のような著作物もある。

「二次的著作物」

既存の著作物を「原作」として、これを次のような方法で「加工」することにより、新たに別の著作物がつくられることがあるが、そうしたものを「二次的著作物」という。二次的著作物について「著作権②」を持つ「著作者」は、「原作者」ではなく「加工者」である。しかし、後に述べるように、「加工者が二次的著作物をつくるとき」も、また、「第三者がさらに二次的著作物を利用するとき」も、「原作者」の了解を得なければならない。

○翻　訳　言語を変えること
○編　曲　音楽をアレンジすること

○変　形　次元を変えること（例えば、二次元の「絵画」を三次元の「彫刻」にすることや、その逆）、写真を絵画にすることなど
○脚　色　「小説」を「脚本」にすることなど
○映画化　「小説」や「マンガ」のストーリーを映画にすること
○要　約　内容を短くまとめること
○その他　子ども向けに書き直すことなど

「編集著作物」「データベース」

既存の「著作物」や「データ」を「部品」として使い、これらについて、「選択」または「配列」を工夫しながら「組み合わせる」ことにより、新たな著作物がつくられることがある。そうしたものは、国際的には広く「データベース」と呼ばれているが、日本では、「コンピュータで読めるもの」＝「データベース」、「コンピュータで読めないもの」＝「編集著作物」という用語上の区別がある。また、これらには、「部品」が「著作物」であるもの（百科事典、新聞・雑誌、文学全集、ホームページなど）と、単なる「データ」（著作物でない単なる「数値」「単語」「氏名・住所・電話番号・メールアドレス」など）であるもの（電話帳、単語集、辞書、

時刻表、住所録など）とがある。これらについては、いずれも「組み合わせた人」が著作者となり、「全体」について「著作権②」を持つ（「編集著作権を持つ」などと言われる）。

「著作物」を部品とする編集著作物・データベースを丸ごとコピーするような場合は、「全体」としての編集著作物・データベースもコピーされるが、個々の「部品」も当然同時にコピーされるので、「全体」を構成した著作者とともに、「すべての部品」の著作者の了解も得る必要がある。それに対して、単語集や住所録など「データ」のみを部品とする編集著作物・データベースの場合は、部品には著作権がないので、「全体」を構成した著作者の了解さえ得ればよい。

しかし、「部品」を含むコンテンツは、編集著作物・データベース（部品だけで構成されており、部品なくしては存在できないコンテンツ）だけではない。前記の「一般の著作物」の中にも、「部品」を含んでいるものがある。例えば、著作権法で「映画」と総称される「動画コンテンツ」はその典型であり、通常は、音楽やナレーションなどの「部品」が含まれている。また、例えば「レポート」や「記事」などでも、他人の「写真」などを部品として含むことがある。このため、「全体」を利用するときには「全体の権利者」と「すべての部品の権利者の全員」の了解がいるということは、「記事」などの単純なものから「ブロードバンド・コンテンツ」などと呼ばれる複雑なものまで、常に注意しなければならないことである。

（2）保護されるものとされないもの

「著作権②」によって保護される「著作物」については、いくつか注意すべきことがある。

「表現」と「アイデア」

第一は、保護されているのは、「表現」であって「アイデア」ではない、ということである。実は、「アイデア」を保護するのが、特許権などの役割なのである。例えば、ある「新薬」の製法(アイデア)について特許権が付与されており、その製法が論文(表現)に書かれていたとする。この場合、その「製法(アイデア)」に従って同じ薬を無断で製造・販売すると、「アイデアの盗用」となって「特許権侵害」になる(論文をコピーしたかどうかは無関係)。これに対して、その「論文(表現)」を無断でコピー・販売すると、「表現の盗用」となって「著作権侵害」になる(実際にその薬を製造したかどうかは無関係)。

また、既に存在している「単語」や「フレーズ」を、特定のシチュエーションにおいてある言い方で言うとおもしろい——というもの(例えば「ギャグ」など)があるが、こうした「既存の単語やフレーズなどの使い方」も「アイデア」であって、著作権では保護されない。「なんでだろう」とか「ファイヤー！」とか「ゲッツ！」といったたぐいのものが、その例だ。これらは、ある状況で（ある人が）ある言い方で言うと、特定の意味やニュアンスを持っておもしろい――といったものだが、活字にすると（表現されたもの自身は）単なる既存の単語や文にすぎない。では、かつての「ガチョーン」など、新たにつくられた「表現」はどうかというと、後に述べる「創作性」の有無という問題になる。

「三越と高島屋」「ミッキーとハービー」の違い

第二は、「実用品」のデザインは保護されない――ということである。例えば「車のデザイン」や「家具の形」などといったものについて、著作権で保護したら何か問題が起こるかと言えば、おそらく大きな問題は生じないだろう。しかし、国際的な経緯や伝統から、「工業製品」的なもの（特許権や意匠権で保護）と「芸術作品」的なもの（著作権で保護）を分けるというのが、国際ルールとされている。

両者の境目は、簡単に言えば、「道具として使うことを目的としてつくられたもの」（意匠権等で保護）か、「見て楽しむことを目的としてつくられたもの」（著作権で保護）か、ということである。「一品製作の場合は著作権があり、大量生産の場合は著作権がない」というのは、誤解である。一品製作の美術工芸品の場合は、「目的」について「見て楽しむ」という要素が強いだろうというだけのことであり、例えば、著作権で保護されているミッキーマウスのぬいぐるみは大量生産されている。人形の場合は、簡単に言うと、「子どもが抱いて遊ぶ人形」には著作権がなく、「床の間に飾って見る人形」には（大量生産であっても）著作権がある。

ところで、「ミッキーマウス」のぬいぐるみは「床の間に飾って見るもの」ではないのに、なぜ著作権があるのだろうか。それは、「最初に何を目的としてつくられたか」が問題になるからだ。逆に言うと、後々どう使われようと、最初の「製作目的」が裁判などでは重要な判断要素になる。例えば、「三越」の包装紙（赤い楕円の絵柄）には著作権があるが、「高島屋」の包装紙（バラの花のデザイン）には著作権がない。前者は元々「抽象画」（美術作品）であったものを包装紙に使っており、後者は最初から包装紙（実用品）用にデザインされたものだからだ。

それが国際ルールである以上、これに合わせて、意匠権や著作権を上手く組み合わせたビジネスを考えるしかない。例えば、著作権で保護されたいのであれば、最初に世に出すときに「美術作品」としておけばいい。ミッキーマウスのぬいぐるみは「持って遊ぶもの」ではあるが、当初から人形だったのではなく、明らかに著作物である「マンガ」（美術の著作物）だったから著作権があるのだ。「ハービー人形」の著作権は裁判で否定されたが、販売前に、子ども向けの雑誌などに、「ハービー君、町へ行く」などといったマンガを一回でも掲載しておけば、(ミッキーマウスと同じになって)著作権が認められたのである。

なお、「実用品」のデザインに著作権はないが、「実用品の設計図」には、通常、著作権がある。「設計図はすべて実用品だから著作権がない」というのは間違いだ。

「創作性」の必要性

第三は、自分なりの「創作性」が加わったものでないと保護されない——ということである。これは、著作権の世界では「創作性」の有無(上手い下手とか、芸術性の有無などとは無関係)とか「著作物性」の有無などという。「創作性がない」とは、「自分なりの個性を発揮してつくり上げたものではない」ということだが、これに含まれるのは、「明治維新は一八六八年だった」といった単なる「事実」、「富士山＝三七七六メートル」などといった「データ」、他人のもののコピー、住所・氏名・電話番号などである。「自分の顔」も、自分が「創作したもの」ではないので著作権では保護されない(「肖像権」の問題となる)。

また、新聞記事について言うと、簡単な「訃報」や「人事異動のお知らせ」などで「誰が書いても大体同じになるもの」には著作権がない。さらに、「交差点にカメラを置きっぱなしにして撮影を続けた映画」、「高速道路の料金所のカメラで違反車を撮影した写真」などにも著作権はない。本や映画などの題名や、短いギャグなどの場合は、新しく考え出されたものであっても、長さの関係で十分な創作性を発揮する余地がないため、一般には著作権がないと言われているが、長いものの場合には著作権が認められることもあり得るだろう。

前の項で解説した「編集著作物・データベース」の場合は、部品の「選択」か「配列」について創作性があれば(「全体」について)著作権がある。したがって、例えばある小説家が書いた「すべての小説」を「書かれた順番」に並べたような全集には、編集著作物(全体)についての著作権はない(もちろん個々の「部品」(小説)には著作権がある)。通常は、「一部の作品」が「選択」され、何らかの基準で「配列」されるので、「全集編集者」が「編集著作物(全体)の著作権」を持つことが多い。その場合には、「全体をコピーする」ときには、「部品」の著作者だけでなく、「編集著作物(全体)の著作権を持つ編集者」の了解も得ることが必要になる。

「非固定」でも保護対象

第四は、著作物として保護されるためには「固定」されている必要はない(映画だけは例外)、ということである。「固定」とは、録音、録画、印刷、蓄積などといった方法で、本来は無体物である著作物を「有体物」に記録することを言う。ある作曲家が、自分の曲を頭で覚えており、楽譜も出版せず、ＣＤも販売せず、「ライブコンサートでの生演奏」だけをする、ということがあり得るが、それでもその音楽は著作権で保護されている。また小説についても、（実際にはないだろうが）小説家が自分の小説を暗記しており、出版しないでラジオでの生口述だけを行う、ということがあり得る。それでもその小説には著作権があり、つまり、著作物は「固定」されていなくても保護されているのである。

「固定されていない著作物」の保護は、条約上の義務ではないが、著作権を保護する世界のほとんどの国は、固定・非固定を問わず著作権を与えている。保護水準が低い国の中には、一部に「固定されていないと保護しない」という国が残っているが、その代表が実はアメリカだ。このため既に述べたように、例えば日米の大学間で衛星回線やブロードバンドによる合同授業が行われている場合、アメリカ側に送信された日本側の生の講義は、アメリカで保護されない。

保護されない「著作物」

創作性の有無など、著作物として保護されるための条件をすべて満たしていても、条約が許す範囲内で、各国の法制によって「著作権がない」という法律ルールが作られている場合がある。これには様々な方式があるが、そのひとつが、「そもそも保護対象物から除外する」という方法であり、日本の著作権法では次のようなものが規定されている。

○立法関係——法令
○行政関係——国や自治体の告示・訓令・通達など
○司法関係——裁判所の判決・決定・命令・審判など
○前記のものの「翻訳物」「編集物」(国・自治体が作成するもののみ)

2 「著作権②」の具体的な内容

ここでは、「著作権②」の具体的な内容について述べる。まず、図3をご覧いただきたい。

(1)「人格権」は「心」を守る

「著作権②」のうち、著作者の「心」を守る「人格権」には、次の三つがある。なお、「クリエーターの感情」を守るものである「人格権」は、「著作権③」とは異なり、譲渡・相続などによる移転はできないこととされている。

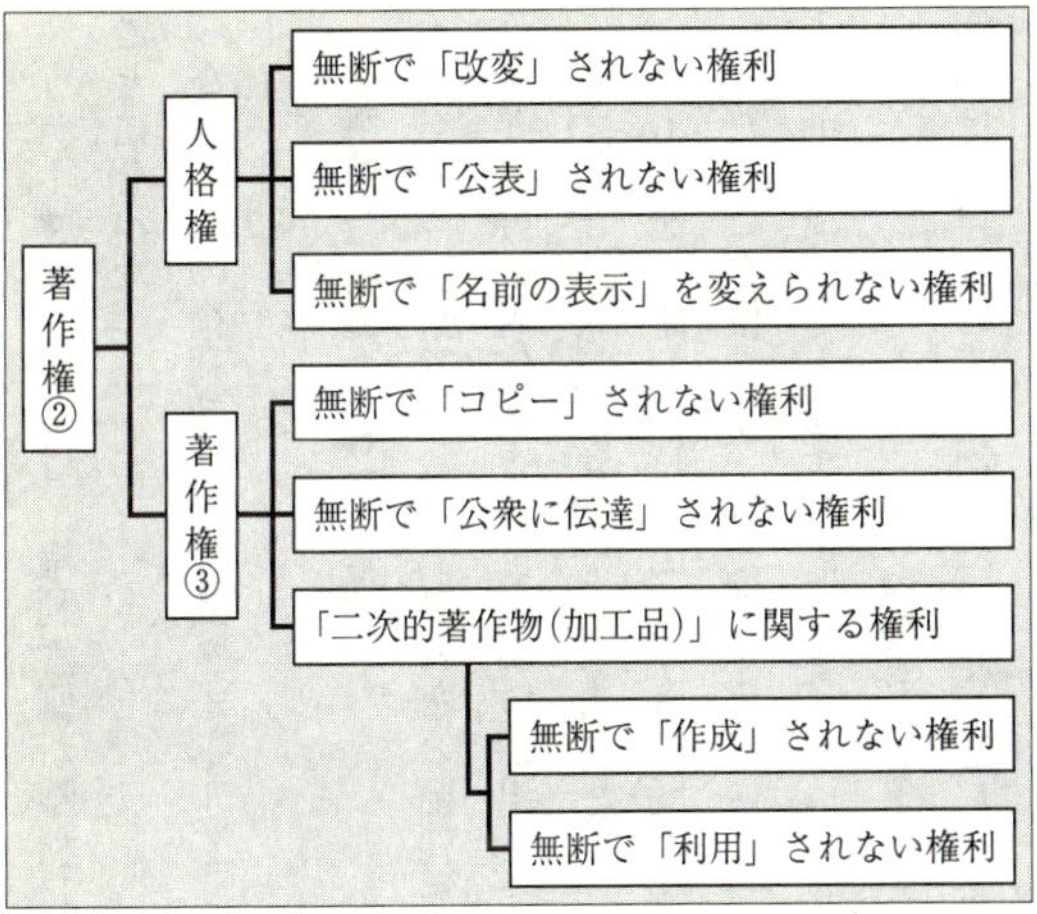

図3 「著作権②」の内容

①無断で「改変」されない権利

第一の「無断で『改変』されない権利」は、「同一性保持権」と呼ばれている。例えば、出版社が小説を出版するときに、著者の了解を得ずに「悲劇的な結末」を「喜劇的な結末」に変えてしまうとか、画廊が絵画を売り出すときに、画家の了解を得ずに「色を塗りなおす」などといったことが対象となる。

この権利は、デジタル技術の発達によって「改変」が容易になったことから、論争の的となっている。利用者側は「改変が容易になったのだから、権利を弱めるべきだ」と主張しており、逆に権利者側は、「改変が容易になったのだから、権利を強めるべきだ」と主張しているが、後に述べる「実演者の人格権」というテーマについては、権利者側が勝利して国際ルールができ、この権利が新しく設けられることになった。

なお、この権利は、「題号(タイトル)」の改変にも及んでいる。

②無断で「公表」されない権利

第二の「無断で『公表』されない権利」は「公表権」と呼ばれるもので、簡単に言えば、著作者が自分の著作物を「世に出すか出さないか」ということを決められる権利である。例えば、「出来が悪く、自分の作品として世に出したくないので、隠しておきたい」と著作者が思っていたものを、誰かが持ち出してきて展覧会などに出されたら、誰でもムカつくだろう。

また、この権利は、例えば「デビュー一〇周年記念日に上演しようとしていた演劇が、それより前に無断で上演されてしまった場合」などにも及ぶ。つまり、「公表するかしないか」ということだけでなく、「いつ公表するか」ということについても及ぶのである。さらに、この権利は、自分の著作物を「原作」として、他人がそれを「加工」(翻訳、映画化など)してつくった「二次的著作物」(加工した人が著作者)についても、(まだ原作が公表されていない場合には）原作者の権利として働く。

③無断で「名前の表示」を変えられない権利

第三の「無断で『名前の表示』を変えられない権利」は、「氏名表示権」と呼ばれるもので、簡単に言えば、「私がつくったのだから、私の名前を出せ」と言える権利である。

また、この権利は「名前の表示方法」一般について働くので、「ペンネームで出版されるはずだった本に、本名が表示されてしまった場合（またはその逆）」などについても及ぶ。さらにこの権利は、自分の著作物を「原作」とし、他人がそれを「加工」（翻訳、映画化など）してつくった「二次的著作物」（加工した人が著作者）についても及ぶ。これは要するに、「『原作者』の名前を表示せよ」と言える、ということである。

なお、ペンネームを用いて本を出版したような場合には、後々のために、文化庁に「実名の登録」ができることとされている。

（２）「著作権③」は「財布」を守る

「著作権②」のうち、著作者の「財布」を守る「著作権③（財産権）」にも、図３に示したように、大きく分けて三つのものがある。

①無断で「コピー」されない権利

第一は、「無断で『コピー』されない権利」(法律上の用語は「複製権」)である。方法・方式を問わず、「同じもの」が「結果として」できれば、「コピー」したことになる。つまり、この権利はテクノロジー・フリーであって、当然のことながら、「デジタル」も「アナログ」も、さらには将来開発されるかもしれない「その他の方式」も、すべて含んでいる。

具体的に言うと、「方法」については、手で書き写す、印刷する、複写する、写真に撮影する、録音する、録画する、フロッピー・CD・DVDなどに記録・蓄積する、コンピュータのハードディスクにダウンロードする、サーバーのメモリーにアップロードするなど、あらゆる複製行為が含まれる。また、「媒体」についても、紙、印画紙、磁気テープ、光ディスク、フロッピー・ディスク、フィルム、CD、DVD、ハードディスク、サーバーのメモリーなど、何でも含まれる。また、「生の(固定されていない)著作物」を「固定する」――つまり、録音・録画・速記・蓄積などをする――ということも、「コピー」に該当する。

さらに、「電子メールで送信する」という行為は「コピーする」ことだ、ということに注意する必要がある。電子メールでの送信を行うと、相手のサーバー内にコピーができるが、受信者はこれを阻止できないため、「コピーを作っている人」は「送信者」だということになる。これは、ファックス送信の場合も同様だ。

なお、「出版権」というものがある（「版権」というのは中国語であり、日本の著作権制度には存在しない）が、これは、権利者が複数の出版社に対して重複して「独占出版許諾契約」をしてしまうような場合に備えて、「無断でコピーされない権利」の一部を出版社に移転したものである。

②無断で「公衆に伝達」されない権利

第二は、「無断で『公衆に伝達』されない権利」である。実はこの権利は、条約や各国の著作権法の中では、「ひとつの権利」ではなく、「上演権」「演奏権」「公衆送信権」「上映権」「口述権」「展示権」「譲渡権」「貸与権」など多くの権利（それぞれ「無断で○○されない権利」を意味する）に分けられており、このことが、各国の著作権法を分かりにくくしていると言われている。

前の項で述べた「コピー」に関する権利の場合は、「結果としてコピーができること」という「結果」に着目しているので、そうした結果を実現した方式・方法・テクノロジーは何でもよい。このために、新しい方式・技術が出現し、普及しても、新しい権利を作っていく必要はなかったのである。これに対して「公衆への伝達」に関係する諸権利の方は、条約でも、また各国の著作権法でも、なぜか「公衆に伝わった」という「結果」に着目するのではなく、「公衆に伝わるような行為をすること」という「行為」に着目してきた。このために、「公衆への伝達」のための手段や方法が増えるたびに、新しい権利が次々に作られてきたのである。

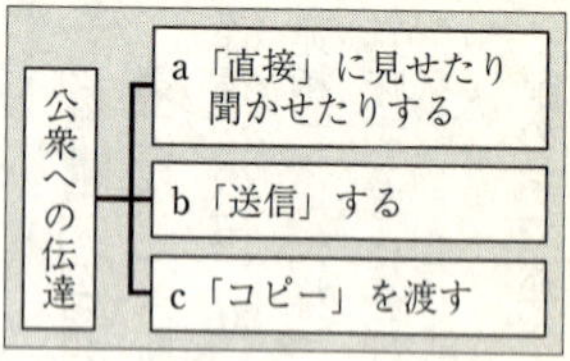

図4 「公衆への伝達」の3類型

例えば一〇〇年以上前には、著作物を「公衆に伝達」する手段は、「実演（上演・演奏）」しかなかった。したがって、「無断で『上演・演奏』されない権利」があれば十分だったのである。その後、「映画」が発明されたために、条約でも「無断で『上映』されない権利」が作られ、また、「無線送信」が発明されたために「無断で『放送』されない権利」が作られ、さらに、いわゆるオンデマンド型の送信形態が普及し始めたために、日本が世界で初めて「無断で『送信』されない権利」を作った。このように、「公衆への伝達」に関する権利は、どこの国でも増加の一途をたどっている。

そこで、ヨーロッパや日本では最近、これらの権利を例えば「無断で『公衆への伝達』をされない権利」といったものに統合しようとする動きが生じており、日本でも政府の審議会は、この点も含めて「著作権法の単純化」という方向を打ち出している。現在はまだ統合が達成されていないが、この項では分かりやすさを重視して、全体をまとめて説明することにした。

「公衆への伝達」という行為は、具体的には、通常、図4に示した三種類の行為によって行われている。これらについて、権利の対象となる具体的な伝達方法ごとに、もう少し詳細に見てみよう。

《a 「直接」に見せたり聞かせたりする(目の前にいる公衆に)》

(1) 「人」が「生」で伝える

○「音楽」 ↓ 演奏・歌唱する(演奏)

○「物語・詩」など ↓ 口で話す(口述)

○「脚本・振付」など ↓ 演じる(上演)

(2) 「録音・録画」されているものを「機器」で「再生」して伝える

○「音楽」　↓　テープやCDなどを再生する(演奏)
○「物語・詩」など　↓　テープやCDなどを再生する(口述)
○「動画・静止画」　↓　ビデオ、DVD、ハードディスクなどに蓄積されたものを映写・ディスプレイする(上映)

(3)　テレビ・ラジオなどの番組を受信しつつ「受信機」でそのまま伝える
○「テレビ番組」など　↓　受信しながらそのまま人びとに見せる(公の伝達)
(注)インターネットを通じて得た画像を人びとに見せる場合、「いったんパソコン内に蓄積されたもの」を画面で見せる場合は前記の(2)の「上映」となり、ウェブキャストの番組など「蓄積されていないもの」を見せる場合は前記の(3)となる。
「喫茶店に置いてあるテレビ」などで番組を見せる行為は、例外規定によって合法化されている。

(4)　「現物」を「展示」して見せる
○「絵画」など　↓　直接「展示」して見せる(展示)
(注)この権利の対象となるのは、「美術品」と「未発行の写真」の「原作品」だけ。コピーされたものを見せるのは自由。また、「原作品」の「所有者」は自由に展示できるので、通常はこの権

利についてあまり気にする必要はない。

《b「送信」する（遠くにいる公衆に）》

（注）送信に関する権利は、ひとつの建物やフロアを占有している「学校」や「会社」の中だけ（同一構内）で行われる「有線の送信」には及ばない。これは、「学校の校内放送」などに権利を及ぼさないため。ただし、イントラネットやLANを用いると、サーバー内に「コピー」ができるため、コピーしてよい場合かどうかの確認が必要。

(1)「アクセス」があったものだけを「自動的」に送信する（自動公衆送信）

○インターネット、イントラネットなどで送信する（個々の受信者からのアクセスがあった場合に限り、アクセスされた著作物だけを、その受信者の手元に自動的に送信する）

（注）いわゆる「インターネット放送」や「ウェブキャスト」などによる番組配信は、(3)ではなく(1)に属する。

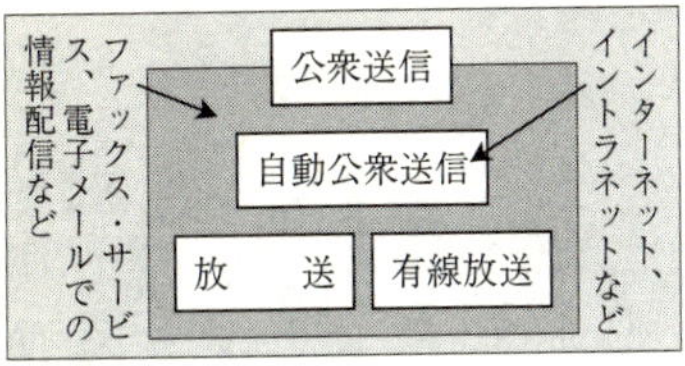

図5　「公衆送信」の類型

①「サーバー等への入力・蓄積等」(送信可能化)と、②「サーバー等から受信者の手元への送信」(自動公衆送信)の両方に権利が及ぶ(図6を参照のこと)。つまり、まだ一回もアクセスがなく、②が起きていなくても、①の「サーバー等への入力・蓄積等」によって、「個々の受信者からのアクセスがあり次第、自動的にその受信者の手元に送信できる『状態に置く』」(送信可能化)ということを無断ですると、権利侵害になる。

この「送信可能化」には、次のような行為が含まれる。

【既にネットに接続されているサーバー等について】

・そのサーバー等の「公開用メモリー」に蓄積すること(コピーも作られる)
・そのサーバー等にカメラやマイクで情報を「入力」し続けること(ウェブキャスト等の場合)
・「CDチェンジャー」などの「外部メモリー」を接続すること
・非公開の「電子メール用メモリー」などをホームページなどの「公開用メモリー」に変換すること

【前記のことが既に起こっているがネットに未接続のサーバー等について】

・そのサーバー等をネットに接続すること(「ファイル交換ソフト」の「立ち上げ」も含む)

(2)「ファックス・サービス」や「メール・サービス」を行う

○「電話でお申し込みいただければ、いつでもファックスやメールで送信します」という

サービスを行う(これをサーバー等で自動的に行うのが、(1)の場合)

(3) 多くの受信者の「手元」まで常に同じ情報を送信し続ける

○いわゆる「放送」や「有線放送」を行う

《c 「コピー」を渡す(目の前の公衆や遠くにいる公衆に)》

(1) 貸すこと(貸与)

○音楽CDなどの「レンタル」を行う

(2) 譲り渡すこと(譲渡)

○音楽CDなどを「販売」「無料配布」する

(注)「映画」や「ビデオ」などの動画コンテンツの場合に限り、過去の経緯から、法律では「頒布」(頒布=貸与+譲渡)という用語が用いられている。

「無断で『譲渡』されない権利」は「最初の一回の譲渡」だけが対象となるので、いったん売られた「本」や「CD」などの転売やプレゼントは自由。

日本が世界をリードした「インターネット対応」

「無断で『公衆に伝達』されない権利」の対象とされている様々な行為の中で、特に注意すべきものは、前記の「b送信」の中の「⑴自動公衆送信」である。著作物などのコンテンツを「公衆に送信する」ための方法としては、第一に、一般のテレビやラジオなどのように、「送信側が一方的に、すべての情報を、『受信者の手元』まで常に送信し続ける」というタイプのものがある。これが、一般に「放送」「有線放送」などと呼ばれているものだ(前記の「b送信」の中の⑶)。この方式の場合、受信者は「自分の『手元』への送信行為」をコントロールすることはできず、常に「手元」まで届いている情報(チャンネル)の中のひとつを選べるだけである。

これに対して、インターネットなどの普及によって急速に拡大しつつある第二のタイプは、「自動公衆送信」「インタラクティブ送信」「オンデマンド送信」などと呼ばれるものだ。これは、インターネットのホームページにコンテンツをアップロードしておく場合のように、「情報はサーバー等の機器までしか届いておらず(受信者の手元には届いておらず)、個々の受信者が特定の情報に『アクセス』した場合(その情報を自分に送信してくれ、という信号を発した場合)に限り、アクセスされた情報だけが、その受信者の『手元』に自動的に送信される」という方式だ。この方式の場合は、受信者は「自分への送信行為」をコントロールできる(図6

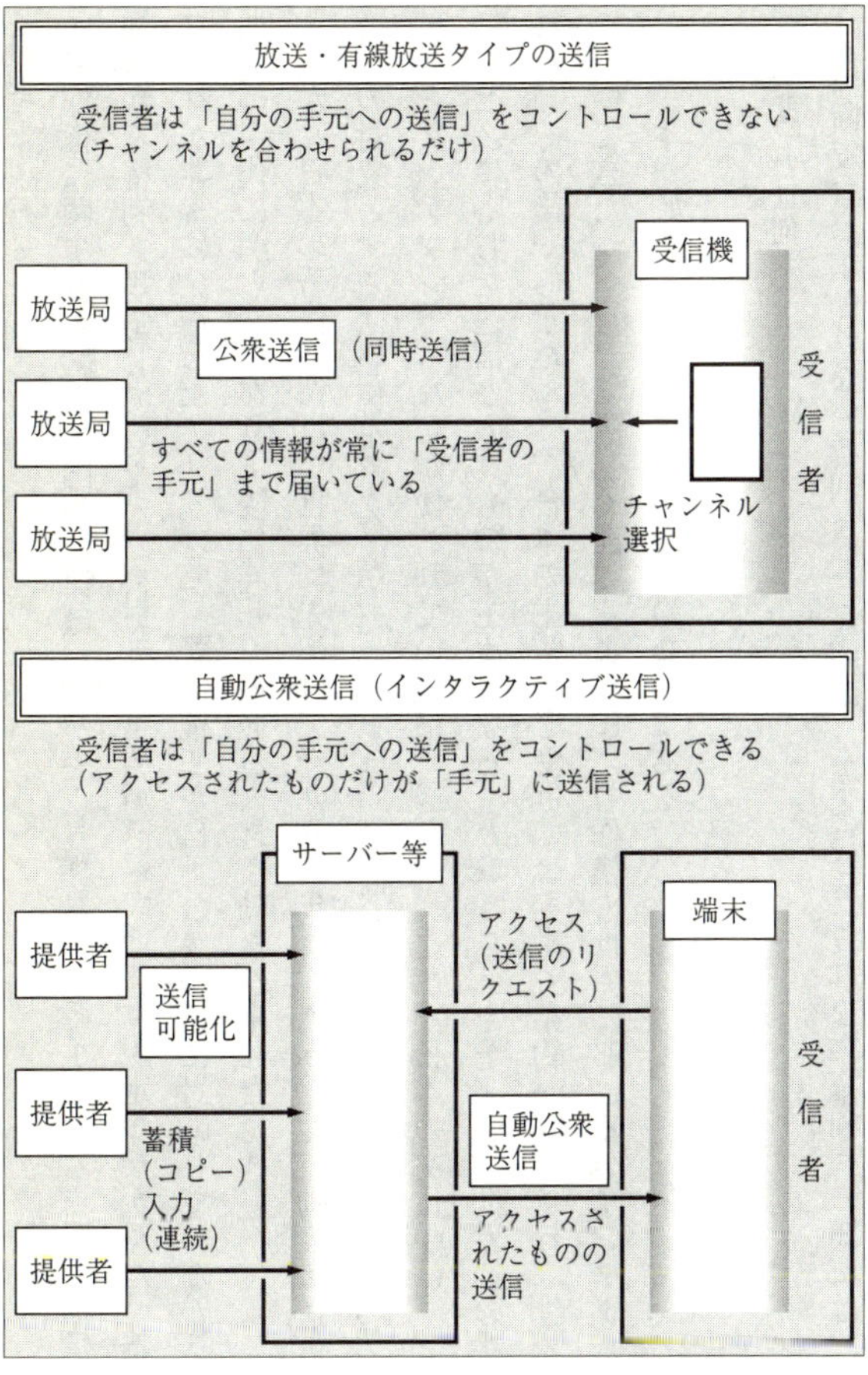
放送・有線放送タイプの送信
受信者は「自分の手元への送信」をコントロールできない
(チャンネルを合わせられるだけ)
受信機
放送局
公衆送信
(同時送信)
放送局
すべての情報が常に「受信者の手元」まで届いている
放送局
チャンネル選択
受信者
自動公衆送信(インタラクティブ送信)
受信者は「自分の手元への送信」をコントロールできる
(アクセスされたものだけが「手元」に送信される)
サーバー等
端末
提供者
送信可能化
アクセス(送信のリクエスト)
提供者
蓄積(コピー)入力(連続)
自動公衆送信
アクセスされたものの送信
提供者
受信者

図6 「放送・有線放送」と「自動公衆送信」の違い

を参照のこと)。

著作権に関する条約や各国の法律は、「放送・有線放送」タイプの公衆向け送信については従来から権利を規定していたが、「自動公衆送信」については規定がなかった。特に、ネットワークが非常に発達したアメリカで、著作権法が自動公衆送信に対応していなかったことが一九九〇年代に明らかになり、後に詳しく述べる大きな動きが生じた。

しかし日本の著作権法は、世界に先駆けて一九八六年に、こうした自動公衆送信を「著作権③」の対象とする法整備を終えていたのである。当時はまだインターネットは存在せず、「ビデオ・オンデマンド」などが使われていたにすぎなかったが、日本の文化庁は、「これからは、アクセスに応じた送信というものが主流になる」ということを予測し、世界初の法整備が行われた。その後一〇年たって、日本の主張等を受けてようやく条約が制定され、世界が日本に追いついてきたが、追って詳しく述べるように、著作権の世界における「インターネット対応」は、日本が始めて、世界に広めたものなのである。

「公衆」とは何か?

「無断でコピーされない権利」と「無断で公衆に伝達されない権利」の間には、もうひとつ大きな差異があるが、それは読んで字のごとく、後者には「公衆に」という限定が付されていることだ。コピーの場合には、作ったコピーを「公衆」に配布しようとしまいと、無断で「コピーをつくった時点」で原則として権利侵害になる。これに対して、この項で解説した「無断で公衆に伝達されない権利」の対象となる様々な行為の場合は、相手が「公衆」である場合に限って著作権侵害となる。では、「公衆」とはいったい何だろうか。

一般の法令の中の「公衆」は、「不特定の人」を意味している。日常会話では「不特定多数」などと言われるが、法律の世界では「不特定少数」と「不特定多数」は区別されない。「不特定」は、何人であっても「不特定」である。例えば、広場に「一度に一人」しか入れない電話ボックスくらいの大きさの箱を置き、その中でビデオを上映して、「順番を待って一〇〇円払えば、『誰でも』中に入ってビデオを見られる」ということをすると、「公衆（不特定の人）向け」の上映をしたことになる。このボックスをだんだん大きくし、一度に入れる人数を、二人、一〇人、五〇人と拡大すると「映画館」になるのだ。

ところが、著作権の場合は、「公衆」＝「不特定の人」だけでは不十分だ。例えば、ビデオなどのレンタルは権利者に無断でしてはいけない行為だが、「公衆」＝「不特定の人」だとしてみよう。無断でレンタルしている店に権利者が行き、「アンタ、無断でレンタルしてるだろ」

と言ったら、店の主人はおそらく「ウチは決して『不特定の客』には貸していません。免許証などで住所や名前を確認して、会員になった人にしか貸しません。会員だけですから『特定の人びと』が対象です」と答える。つまり、会員組織を作ることによる脱法ができてしまうことになるのだ。そこで著作権法では、「不特定の人」だけでなく「特定多数の人びと」も「公衆」に加えている。何人から「多数」になるのか、ということについては法律の規定がないが、一般には「五〇人を超えたら明らかに公衆」と言われており、場合によっては二〇人〜三〇人であっても「公衆に該当する」という判決が出る可能性がある。

「世の中のすべての人びと」から「不特定の人」と「特定多数の人びと」を除くと、「公衆でない人」が残るはずだが、これは「特定少数の人」ということになる。つまり、相手が「特定少数」であれば、上演・演奏・送信・レンタルなどをしても著作権侵害にはならないのだ。こうした場合の代表は「特定の一人」であり、したがって、「電話で話しながら歌を歌う」ということをしても、著作権侵害にはならない。同じように、「友人にファックスで地図を送信する」ということも著作権侵害にならないし、「姉と弟が親の前で歌を歌う」というのも同様だ。

ただし、「個々の行為」が「特定少数向け」であっても、全体として「誰でも」そのサービスを受けられる——という場合には「公衆向け」になるので、注意が必要である。例えば「送信」について言えば、「友人から頼まれて、地図をファックス送信する」という場合は、送信行為について著作権侵害にはならないが、「電話でお申し込みいただければ、どなたにでも地図をファックスで送信します」というサービスを行うと、「公衆向け」となるので侵害になる。よく考えてみれば、ホームページなどを用いた自動公衆送信は、これと同じことをサーバーが自動的に行っているのである。

また、例えば「自分がひとつしか持っていないコピー」を他人に譲渡するような場合は、次のようになる。もともとひとつしかないのだから、譲渡する相手は「特定の一人」なので「公衆ではない」と思えるかもしれないが、この場合は、「特定の一人の友達」に「キミにあげたいんだ。もらってくれ」と言って譲渡した場合は「特定の一人向け」となる。これに対して、職場や学校で「誰かこれいらないかぁ?」と言って手を上げた人に譲渡した場合は、(相手は不特定の誰でもよかったわけだから)「公衆向け」となるのだ。

③「二次的著作物」に関する権利

図3に示した「著作権③」に属する諸権利のうち、最後のものは、「二次的著作物」に関する権利である。この権利には、次のふたつのものが含まれている。

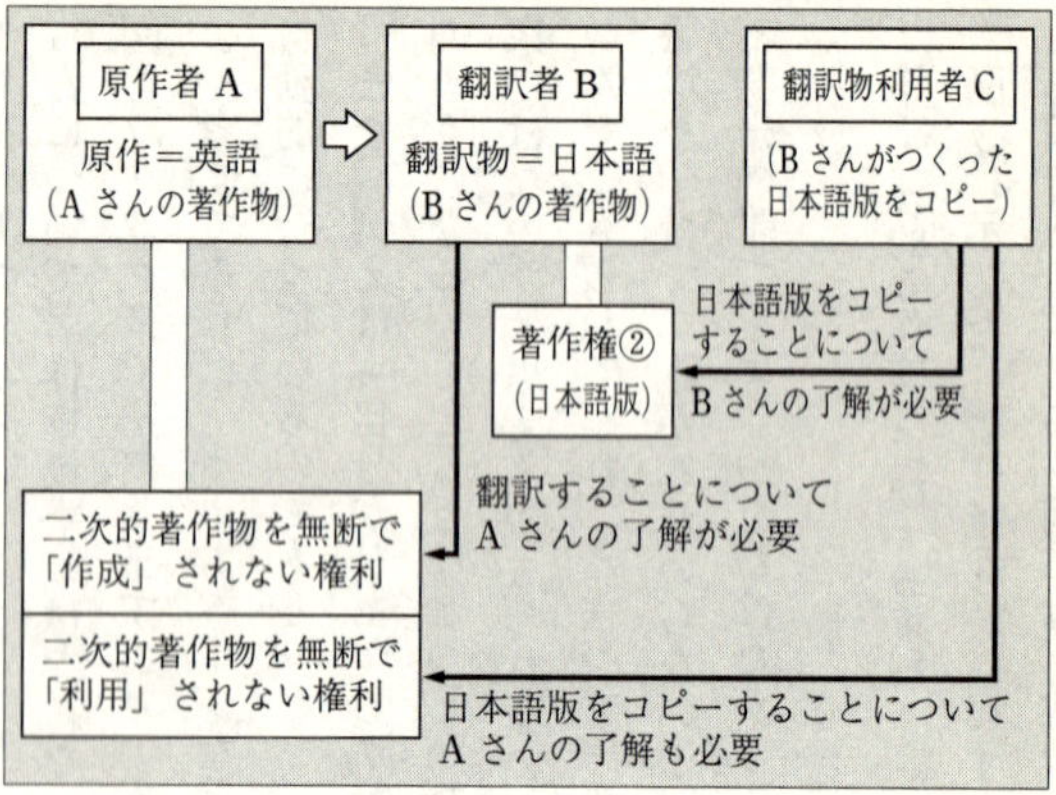

図7　「二次的著作物」に関する権利関係

○（自分の著作物を原作とする）二次的著作物を無断で「作成」されない権利

○（自分の著作物を原作として既に作成されている）二次的著作物を無断で「利用」されない権利

図7にあるように、原作者であるAさんは、自分がつくった英語の「原作」について、まず「無断で二次的著作物を『作成』されない権利」を持っている。この権利は、Aさんの原作を加工して二次的著作物を「作成しようとしている人」（図の「Bさん」）を対象とするものだ。このためBさんは、翻訳についてAさんの了解を得る必要がある。こうして、翻訳という加工によって作成された二次的著作物である「日本語版」は、Bさんの著作物なので、日本語版についてはBさんが「著作権②」の全部を持って

いる。したがって、この日本語版をさらにコピーしたいCさんは、Bさんの了解を得なければならない。

さらに、ここで注意すべきことは、原作者であるAさんが、「無断で二次的著作物を『利用』されない権利」も持っているということだ。この権利は、「自分(Aさん)の著作物を原作として他人(Bさん)が作成した二次的著作物」について、それをさらにコピーしたい「第三者」(Cさん)が対象となる。したがってCさんは、日本語版のコピーについて、Bさん(二次的著作物の著作者)だけでなく、Aさん(原作者)の了解も得なければならない。

3　「著作者」と「著作権者」の違い

著作権の話の中では、「著作者」ということばのほかに、「著作権者」ということばもよく使われる。この両者は法律ルールの上では明確に区別されており、「著作者」が「著作物をつくった人」を意味するのに対して、「著作権者」は「著作権③」を持つ人を意味する。当然のことながら、ある著作物がつくられた瞬間には、「著作者」＝「著作権者」だ。ところが、既に述べたように、「著作権③」(財産権)は譲渡・相続などによる移転ができる(感情を守る「人格権」は移転ができない)。したがって、ある著作物について「著作権③」が移転されると、「著作者」(引き続き「人格権」を持つ人)と「著作権者」(新たに「著作権③」を持つ人。権利ごとに別人に譲渡できるので、複数の人々になることもある)が異なる、ということが起こるのだ。

なお、「著作権③」が譲渡された場合、誰が真正な権利者かが分かりにくくなることがあり得るので、文化庁に「権利の移転の登録」ができることとされている。

「発注者」は「著作者」ではない

ところで、「著作者とは、著作物をつくった人のことである」ということは、「著作物をつくった人でない人は、著作者ではない」ということを意味する。これは、一見「当然のこと」と思えるが、「著作物の作成の外注」という状況を考えると、その重大性がよく分かる。

「著作物の発注者は、『著作物をつくった人』ではないので、納品された著作物を無断ではコピーできない」のだ。

例えば「ポスター製作の外注」などということは、明治時代からやっていたはずだが、なぜこんなことが問題になるようになったのかというと、最初に述べた「利用手段の爆発的普及」が原因である。昔は、発注者側にはカラーコピー機もパソコンもなかったので、納品されたポスターを貼るしかなかった。しかし現在では、発注者側も様々の「利用手段」を持っているため、コピーしたくなる。しかも、「こちらが注文したのだから、こちらのものだ」という意識が働く。これは「契約」で対応すべき問題であるが、こうしたことが日本が最も遅れている部分である。

また、「著作者」と「著作権者」に関する法律ルールについては、次のような特別なルールがいくつかあるため、注意を要する場面がある。

①「共同著作物」とは？

「著作者」とは「著作物をつくった人」のことだが、著作物によっては、数人が共同してつくることがある。そうしたもののうち、各人がつくったそれぞれの部分をバラバラには使えないもののことを、「共同著作物」という。したがって、「Aさんが作詞してBさんが作曲した歌」などというものは、(歌詞と曲をバラバラに使うこともできるので)共同著作物ではない。百科事典や短編集なども同じだ。共同著作物の場合は著作者が複数いるが、この場合は、「人格権は、全員一致の合意によらなければ行使できない(代表して行使する人を定めることはできる)」「著作権③は、全員一致の合意によらなければ行使できない」「著作権③について自分の持分を譲渡するには、他の全員の同意が必要」などの法律ルールがある。

②「雇い主」が「著作者」となる場合

「著作権②」を持つ「著作者」とは「著作物をつくった人」のことだが、企業や行政機関の職員などが仕事上つくった著作物については、「雇い主」の側に権利を持たせるべきではないか、という考え方もあり得る。会社と社員の権利関係という問題は、特許権についても話題となったが、特許権の場合に問題となったのは、会社が特許権を持つ場合について、特許法に「社員は、相当の対価を受ける権利を持つ」という曖昧な規定があったからだ。しかし、著作権法の規定はすっきりしている。具体的には、次の条件を満たす場合には、「雇い主」が「著作者」となる。

○会社等の「発意」に基づいてつくられた著作物であること
（上司の命令ではなく社員が「自分で発意」した場合でも、「会社という組織の一員として仕事上発意した」のであれば、それは会社の発意になる）
○会社等と雇用関係にある者が「職務の一環として」つくった著作物であること
（勤務時間中に職務と全く関係ない著作物をつくった場合は、就業規則違反などの問題に

はなろうが、本人が著作者になる)

○「会社等の名義」で公表される著作物であること

(未公表でも、「公表するとすれば会社名義」になるものは、これに含まれる。コンピュータ・プログラムの場合は内容が公表されないことも多いので、この条件を満たすことは不要)

○雇用契約や就業規則に特段の定めがないこと

(雇用契約などで「職務上つくったものであっても著作者は社員とする」という規定があれば、それが優先される)

しかしよく考えてみると、このルールはおかしい。会社が「著作者」になるということは、つくった社員ではなく会社が「著作権②」(「人格権」＋「著作権③」)を持つということだ。しかし「人格権」は、創作者の「感情」を守るものだったはずである。にもかかわらず、創作者としての感情を持つはずのない「会社」が「人格権」を持つという制度は、極めて異例である。なぜこのような規定があるのかというと、著作権法が「日本人は、どうせ紙でちゃんと契約しない」という前提で作られているからだ。例えばドイツの著作権法にはこんな規定は置かれておらず、「著作権③」の帰属や「人格権」の行使可能性などについては、「雇用契約」にそれぞれ規定されているのだ。

③「映画」の場合の例外

「著作者」と「著作権者」の関係に関しては、「映画」についても例外がある。映画というものは、動画コンテンツの創作手段が多様化・普及したことにより、様々な形態で製作されるようになっているが、次のように分類できる。なお、これらはあくまでも「映画」＝「全体」の「著作権②」に関する話であって、映画の中に「部品」として含まれている「音楽」などの権利者は、それぞれ独立に「部品」についての「著作権②」を行使できる。

○個人がひとりで製作した場合

この場合は、当然のことながら、通常の著作物の場合と同様に、その人が「著作者」となり、「著作権②」(「人格権」＋「著作権③」)のすべてを持つ

○ある映画会社の社員だけで製作した場合

この場合は、前の項で述べた「会社等が著作者となる場合」に該当し、その会社が「著作権②」(「人格権」＋「著作権③」)のすべてを持つ

○映画会社が社外の監督や美術監督などと契約して製作した場合

この場合は、「制作、監督、演出、撮影、美術等を担当して、その映画の全体的形成に創作的に寄与」した「社外の人」の全員が「著作者」になるが、「著作権③」は自動的に「映画会社」に移転する（監督等は「人格権」だけを持つ）

商業的に製作・上映される映画の大部分は、前記の第三の形態で製作されているが、要するにこれは、「映画会社が、映画監督等から『著作権③』を取り上げる」という法律ルールである。実は、世界の多くの国々でこれと同様の制度が採用されており、著作権に関する条約もこれを認めている。この制度については、「映画会社は巨額の投資を行って営業上の危険を負担しているのだから、権利を持って当然」などという説明がなされているが、これは後付けの理屈にすぎない。既に述べたように、「著作物作成の外注」の場合には、「著作物を実際につくった受注者側」が「著作権②」の全体を持つからだ。

このような特異な制度が国際的に採用されている理由は、要するに「映画業界の政治力」である。世界中の著作権法で、また、様々な条約で、「映画会社」と「放送局」は特別の「優遇」をされているが、これは、どこの国でもこの二つの業界の政治力が強く、ワガママが通っているからである。この制度は、業界外の一般人にはほとんど関係しないが、「著作権③」を剝奪されている映画監督らにとっては重大問題であり、彼らが法改正に向けて運動する（映画会社の団体と交渉したり、国民一般の支持を得ようとする）のは当然だ。

「違憲」と主張するなら「会員」のために早く裁判を

しかし、日本の映画監督団体の「執行部」は、映画業界との合意形成による「会員の権利奪回」ということをいまだに達成できておらず、「会員」（権利がない中で苦労している多くの映画監督たち）の利益を実現できずにいる。その主な理由のひとつは、団体執行部が「現行法がそもそも憲法違反だ」と主張し続けていることだろう。「権利者・利用者間の宿命的な利害対立」が常にからむ著作権法の改正については、「全体の奉仕者」である行政はいずれの味方もできないため、追って詳しく述べるように、現在約三〇のテーマについて「関係者間協議」が進められており、合意が形成されたものから、審議会および国会での議論・審議を経て、毎年次々と法改正が行われている。

しかしこの課題については、協議が十分に進んでいない。「現行法が憲法違反だ」と言われたら、映画会社の側は当然「それなら裁判すれば？」と言い返す（協議をストップする口実を与える）し、また、憲法にしたがって法律を作ってきたと自負する国会議員らはこれを「いわれなき誹謗中傷」と感じるので、彼ら全体を敵に回すことにもなろう。しかし、裁判で「違憲判決」を勝ち取ればすべては解決するわけであり、日本の映画監督団体の「執行部」は、一刻も早く裁判を起こすべきだ。「違憲だ」と主張しながら「裁判は起こさない」という態度は、「一見勇ましいが、執行部が会員に対して『ポーズ』を作り『アリバイ作り』をしているだけ」とか、「これでは結局、制度改正が実現されないので、会員の利益を損なっている」などといった疑義を生むに至っている。

こうした団体の「執行部」のメンバーは、法律上の権利がなくても契約で利益を確保できるような「有名人」(市場での強者)であることが多いので、彼らが本当に「無名の会員たち」(市場での弱者)のために行動しているのかということについては、「会員」自身が(国民が官僚や政治家を監視するのと同じように)常に関心を持つ必要があるのではないかと思われるが、「会員」たちが現状を肯定するのであれば、外部の者がとやかく言うことではない。

第三章　「著作隣接権」とはどんなものか

著作権に関する多くの本は、「著作権②」を主に解説して、「著作隣接権」は「付け足し」のように簡単に説明しているが、「著作隣接権」は「著作権②」とは全くと言っていいほど違う、非常におもしろい権利である。

1　「業界保護」としての「著作隣接権」

「著作隣接権」を理解するポイントは、これが、文化・芸術の世界での「創作物・創作者」の保護から出発した「著作権②」とは全く異なり、要するに「業界保護」なのだ——という本質を理解することである。

かつてある大新聞が、「著作隣接権」についての特集記事の下に付けた「用語解説」で、「著作隣接権とは、著作物などを『伝達』する人が持つ権利であり、例えば『レコード会社』や『映画会社』などが、この権利を持つ」という誤報をしてしまったことがある。「レコード会社」は「著作隣接権」で保護されているが、「映画会社」が持つのは「著作権③」だ。しかし、一般人の感覚からすれば、「レコード会社」と「映画会社」は同じようなことをしている、と思う方が自然だろう。「音」を「CD」に「録音」して伝達するのが「レコード会社」なら、

「動画」を「フィルム・ビデオ・DVD」などに「録画」して伝達するのが「映画会社」だ。さらに、「静止画」を「紙」に「印刷」して伝達するのが「出版社」であり、いったいどこが違うのか。この三者については、国際条約などでは、次のような区分がなされている。

(1)「映画」のクリエーター＝「著作者」

映画の創作(「動く映像」を創作的に「録画」して人びとに伝達すること)は、ある意味で原作などを「伝達」しているとも言えるが、「映画をつくる行為は『著作物の創作』である(映画そのものが「著作物」である)」という考え方により、映画のクリエーターは「著作者」とされ、「著作権②」で保護されている。

(2)「レコード」のクリエーター＝「著作隣接権者」

レコードの製作(「音」を「録音」して人びとに伝達すること)は、創作行為とは言えないが「準創作的な行為」である、という考え方により、レコード製作者は「著作隣接権者」とされ、「著作隣接権」で保護されている。

(3)「出版物」のクリエーター＝権利なし

本の製作(「文章」「写真」「静止画」などを「印刷」して人びとに伝えること)は、「何らの工夫も創作性も必要としない行為」であるとされており、出版者には何の権利も与えられていない。

このように出版者は、「著作権②」も「著作隣接権」も持っていないので、本をコピーするときには「著者」の了解を得るだけでよい（出版者が創作的に「部品の選択・配列」を行ったために「編集著作権」を持っている場合や、「著者の著作権③を買い取っている」ような場合は別）。ところが世界各国の著作権法をよく見てみると、出版社が強い政治力を持つイギリスなどでは、出版者に「著作隣接権」（いわゆる「版面権」）が与えられている。また、アメリカは、既に述べたように先進諸国中で最も著作権保護の水準が低い国だが、「レコードの保護」だけを見ると、「レコード業界」の政治力が強いために「著作権②」が与えられている。

これらのことが意味することは極めて明瞭で、要するに「著作隣接権」は、単に「政治力の強い業界」に付与されているものなのだ。つまり、「伝達行為における工夫や準創作性を評価して……」などという説明自体が、実は、学者や専門家による「後付けの理屈」なのである。

「投資」の「回収」の確保

業界保護とは、要するに「投資の保護」である。「著作権②」の場合は、作曲家や小説家や写真家などが、「どの程度の投資をしたか」ということとは関係なく、「創作した」ということを評価して、同じ権利をすべてのクリエーターに付与している。これに対して「著作隣接権」は、業者の「投資」の保護――つまり「投資を回収する商売の保護」が目的なのである。

例えば、レコード会社が作曲家と契約して、ＣＤを発売する場合、作曲家に著作権料を支払ったあとで海賊版が登場したとしよう。この場合、レコード製作者に「著作隣接権」がなかったとすると、「著作権②を持つ作曲家は海賊版業者を訴えることができるが、レコード会社は何もできない」ということになる。しかし作曲家は、既に著作権料をもらっているので、時間や経費のかかる裁判などしないだろう。つまり、レコード会社だけが損をすることになるのだ。「だからレコード会社にも権利をくれ」というのが「著作隣接権」であり、「業界保護」「投資回収確保」ということが、著作隣接権の本質なのである。

なお、「芸術家であるプロの実演家の保護は、ちょっと違うのではないか」という意見もあろうし、実演家の場合にはこうした構造は完全には当てはまらないが、プロの実演家とは、要するに「個人営業」の業者であって、「業界」であることには変わりない。

「著作権②」との大きな違い

「著作隣接権」は、一般には「著作権②よりも弱い」と言われているが、「著作権②よりも強い」(権利者＝業界にとって有利)という極めて重要な部分がある。既に述べたように、「著作権②」の場合は「創作性」のあるコンテンツだけが著作物として保護されるが、「著作隣接権」で保護されるコンテンツについてはそんなものは求められておらず、「放送」「録音」「実演」などの「行為」をすれば、無条件で直ちに権利が付与されるのである。

もうひとつ、「著作隣接権」が「著作権②」と本来無関係のものであることを示す事実として、「伝達されるものは『著作物』でなくてよい」ということがある。例えば「放送番組」について言うと、「音楽」や「映画」などの「著作物」を放送している番組もあるが、「自然の風景」とか「スポーツの試合」など、「著作物でないもの」を放送している番組もある。こうした番組であっても、放送局には「著作隣接権」が与えられるのだ。

また、「レコード」の場合も、「音楽」や「講演」などの「著作物」が録音される場合のほかに、「鳥の鳴き声」「SLの音」など、「著作物でないもの」が録音されている場合もある。後者の場合でも「レコード製作者」＝「その音を最初に録音した(原盤をつくった)人」が「著作隣接権」を持つ。さらに、「実演」について言うと、「音楽の演奏・歌唱」や「台本による演技」などのように「著作物を演じている」という場合もあるが、「手品」「モノマネ」「腹話術」「曲芸」などのように、「著作物以外のもの」を演じているという場合もある。

要するに、「著作権②」が「創作」を対象としているのに対して、「著作隣接権」は、「行為」を対象としており、その行為をすれば、その結果できるコンテンツが常に保護されるのである。

2 「著作隣接権」の具体的な内容

この項では、「著作隣接権」の具体的な内容について述べるが、一般に「著作隣接権」は、「著作権②」よりも「弱い」と言われている。その背景には、次のようなことがある。

第一に、「著作権②」に含まれる権利が基本的にすべて「許諾権」であるのに対して、「著作隣接権」の中には「報酬請求権」という弱い権利が含まれている。「許諾権」とは、要するに「無断で○○されない権利(物権)」というものであって、利用者は権利者から「事前の了解」を得なければならない。これに対して「報酬請求権」とは、「○○している人に利用料を請求できる権利(債権)」であって、利用者は「事後」に権利者に利用料を支払えばいいだけなのだ。

当然のことながら、権利者にとっては「許諾権」の方が有利である。なぜなら、利用者は「事前の了解」を権利者から得ない限り利用できないので、権利者はどんな条件でもつけることができ、いくらでも高い利用料を設定できるからだ(利用料が高すぎれば「使ってもらえない」だけである)。要するに、物やアパートの「所有権」と同じだ。

「報酬請求権」は、権利者にとって不利であるが、利用者にとっても問題がある。「事前了解が不要」というのは利用者にとって結構な制度だが、事後に「権利者を探し出して利用料を支払う」というのは大変だ。そこで、「報酬請求権」とされている権利については、多くの国で政府による「指定団体制度」が設けられている。この場合、権利者による「利用料の請求」は、「この団体を通じてしかできない」こととされている。つまり利用者は、この指定団体に利用料をまとめて支払っておけばよく、個々の権利者から直接請求されることはないわけだ(利用料の額は、この指定団体と利用者側団体が交渉して決定する)。

第二に、「著作隣接権」によってカバーされている行為の範囲が「著作権②」よりも狭い、ということがある。具体的には次項以下でそれぞれ述べるが、中には、特に差をつける必要がないことについてまで、国際ルールであえて「著作隣接権」の方を弱くしている例も見られる。例えば、インターネットなどを用いた「自動公衆送信」に関する権利がその典型であり、「著作権③」の一部である「公衆送信権(無断で公衆送信されない権利)」が、①「サーバー等への入力・蓄積=送信可能化」と、②「サーバー等から個々の受信者の手元に送信すること=自動公衆送信」の両方を対象としているのに対して、「著作隣接権」では、①の「送信可能化」だけが権利の対象(権利の名称も、「送信可能化権(無断で送信可能化されない権利)」とされている(四一ページの図6を参照のこと)。条約がこのような構造になっているのだが、「送信可能化」なしの「自動公衆送信」というのはあり得ないので、著作隣接権の方が大きく不利になるわけではない。この権利構成も、単に国際的な伝統を反映したものとしか思えない。

第三に、「著作隣接権」の中には、長い間「人格権」というものが存在していなかった。最近になって、日本も含む多くの国で、「実演者」だけを対象に「人格権」(同一性保持権・氏名表示権)が付与されるようになってきたが、これも、「実演者」に限定、一部の人格権に限定、権利の内容が著作者の人格権よりも弱い——などといったものである。

では次に、そうした権利の内容について、具体的に見ていこう。

(1)「放送局」「有線放送局」の権利

「放送局」「有線放送局」の「著作隣接権」によって無断利用から保護されるコンテンツは、言うまでもなく「放送番組」「有線放送番組」である。具体的な権利の内容は図8のとおりで、「放送局」「有線放送局」の権利は、すべて「許諾権」である。今日では多くの番組があらかじめ録画された上で放送されているが、こうした「録画番組」は、既に述べたように「映画」と

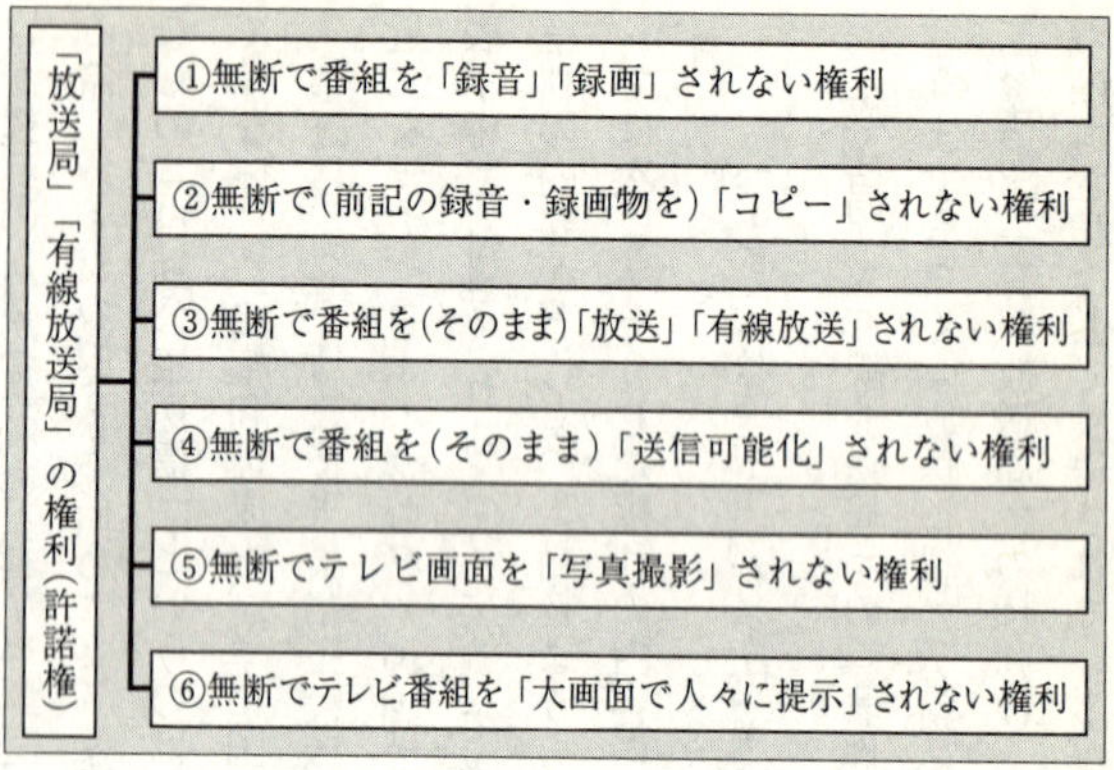
「放送局」「有線放送局」の権利（許諾権）
①無断で番組を「録音」「録画」されない権利
②無断で（前記の録音・録画物を）「コピー」されない権利
③無断で番組を（そのまま）「放送」「有線放送」されない権利
④無断で番組を（そのまま）「送信可能化」されない権利
⑤無断でテレビ画面を「写真撮影」されない権利
⑥無断でテレビ番組を「大画面で人々に提示」されない権利

図8　「放送局」の権利の内容

して「著作権②」で保護される。その番組をつくったのが放送局自身である場合は、その放送局は、「著作権②」と「著作隣接権」を同時に持つことになるわけだ。

なお、著作権というものが「国際ルール」に基づく「私権」であるのに対して、放送法などによる制度は、日本の総務省などが「日本だけの国内事情」に基づいて行っている「官対民」の「規制」にすぎない。したがって、放送や通信の「免許」とか、「放送と通信の境目」などといった国内の規制制度は、著作権ルールとは全く関係しない。たまたま両方の制度で「放送」という用語が（違う定義で）使われているために、ときどき混乱が生じているが、総務省の放送・通信規制制度がどう変わろうとも、国際ルールである著作権の制度や用語の定義には、なんの影響もないのである(著作権の世界では、そもそも「通信」という概念は存在しない)。

図8のうち、④の権利の対象となる「放送番組・有線放送番組をそのまま送信可能化する」とは、例えば、テレビ受信機をパソコンに直結して、番組をそのままネットで送信してしまうような行為である。例えば「WOWOW」のような有料放送にひとりだけ加入して多くの仲間に横流し(再送信)するようなことだ。追って述べるように、著作権の世界でのいわゆる「インターネット対応」については日本が世界の最先端にあり、「放送番組」「有線放送番組」まで含めてインターネット等による無断送信を防止できる権利を確立しているのは、世界中で日本のみである。また、図8の⑥の権利があるため、「ワールドカップの試合のテレビ中継」などといった番組を広場のマルチスクリーンなどで多くの人びとに見せることは、放送局の「著作隣接権」の侵害になるが、実際には放送局は権利行使をしない(「やめろ」とは言わない)場合も多いようである。

「放送」「有線放送」と「自動公衆送信」の接近

既に述べたように、「放送」と「自動公衆送信」は、国際著作権ルールにおいても別のものとして扱われているが、実際には両者の機能は急速に近づきつつある。両者の差異は、条約によって、「すべての情報が、常に受信者の手元まで送信されている」のが「放送」「有線放送」、「各受信者がそれぞれアクセスしたときだけ、アクセスされた情報のみが、受信者の手元に送信されてくる」のが「自動公衆送信」とされている。

しかし機能面を見ると、「自動公衆送信」に属するものであっても、サーバー等の機器の中に番組を「蓄積」しないタイプの送信（サーバー等に番組が「生」で入力され続けており、受信者が特定の番組を選んでアクセスすると、サーバー等から受信者の手元への「生」の送信が始まる）は、受信者にとっては通常のテレビ放送と同じものだ。「インターネット放送」とか「ウェブキャスト」などと呼ばれる送信形態や、ＡＤＳＬなどを用いた番組配信などがこれに当たる。受信者にとっては、これらは「受信機上でチャンネルを変えるか、離れた所にある機器にアクセスしてチャンネルを変えるか」というだけの違いに見える。

逆に、「放送」「有線放送」が「自動公衆送信」に近づくというケースもある。例えば「六〇分の映画」を送信するのに六〇のチャンネルを使い、同じ映画を一分ごとに送信開始していく――というようなシステムがあり、既に実用化されている。こうした送信形態は「ニア・オンデマンド」などと呼ばれているが、すべてのチャンネルが常に「受信者の手元」まで送信されているので、国際著作権ルール上は「放送」「有線放送」に該当する。

このように、「放送」「有線放送」と「自動公衆送信」は、少なくとも「機能」や「受信者にとっての使い勝手」といった観点からは、同じものになりつつある。にもかかわらず、著作権に関する国際条約や各国の著作権法では、なぜ様々な側面（著作隣接権の付与、例外規定の適用範囲など）について、両者を分けることが続いているのだろうか。

「放送局」の特権維持

答えは簡単で、「放送局の特権を維持するため」である。著作権に関する国際条約や各国の著作権法においては「放送局」と「映画会社」が特別に優遇されているが、これは、この二つの業界の政治力が強く、これらに有利なルールが作られてきたからである。こうした「優遇」のための「例外」を作ると法律が複雑化することになるが、「放送」と「自動公衆送信」についても、後者に関する規定の方がはるかに単純になっている。

しかし現在では、パソコン・インターネット・デジカメなどの普及によって、「放送局」と同じことを「すべての人びと」が行えるようになった。こうした状況において、放送局が行う「放送」と、誰でもできる「自動公衆送信」を、著作権の法律ルールについて同じにしようとしたら、「ＮＨＫのすべての特権を剝奪すること」か「すべての国民にＮＨＫと同じ特権を与えること」が必要になる。これらがいずれも政治的に不可能であることは、言うまでもないだろう。後者については、条約に加盟している約一五〇か国の全会一致による条約改正が必要になる。

このために現時点では、条約についても各国の著作権法についても、「放送」「有線放送」と「自動公衆送信」とを区別する、ということをせざるを得ないのである。本来は同じに扱うべきものを、「放送局の特権」を守るために無理に分けているわけだから、「人工的な線引き」の近くでは、「なぜ、アレとコレの扱いが違うのか？」という疑問が当然に生じるのである。

(2)「レコード製作者」の権利

「レコード製作者」の「著作隣接権」によって保護されるコンテンツは、言うまでもなく「レコード」(録音物)だが、「ある音を最初に固定した録音物」(原盤)が保護される。

具体的な権利の内容は図9のとおりであり、ここで「報酬請求権」というものが登場する。

「放送」「有線放送」と「ネット配信」の違い

これらの権利のうち、「無断で『送信可能化』されない権利」とは、要するにレコードを

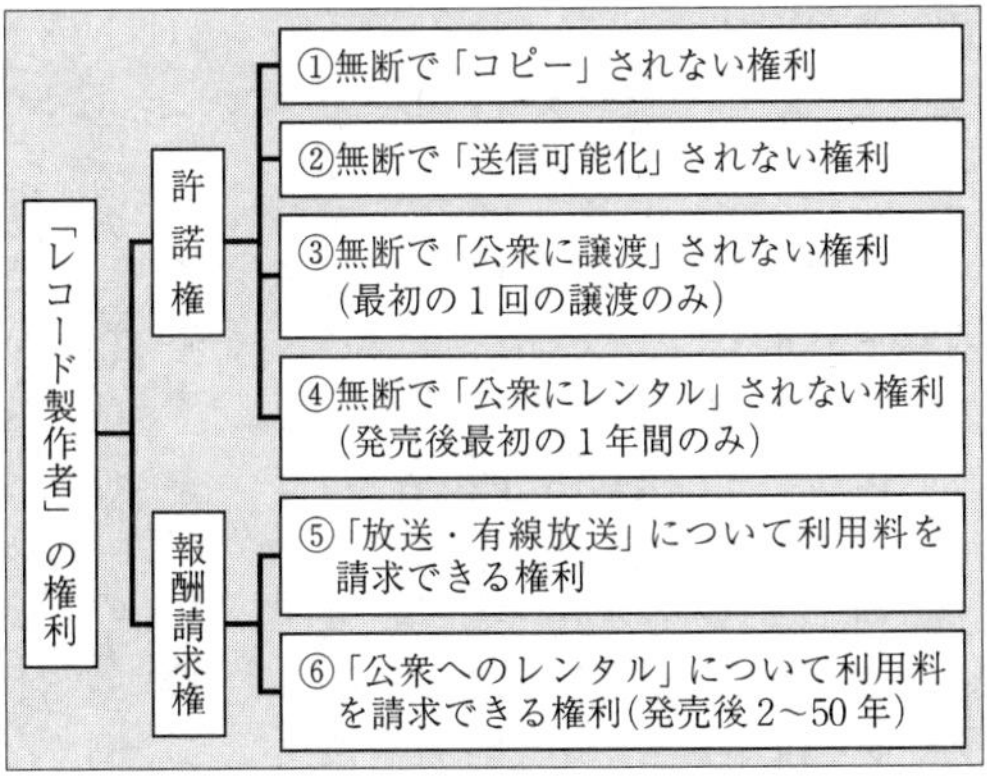

「レコード製作者」の権利
許諾権
報酬請求権
①無断で「コピー」されない権利
②無断で「送信可能化」されない権利
③無断で「公衆に譲渡」されない権利
（最初の１回の譲渡のみ）
④無断で「公衆にレンタル」されない権利
（発売後最初の１年間のみ）
⑤「放送・有線放送」について利用料を
請求できる権利
⑥「公衆へのレンタル」について利用料
を請求できる権利（発売後２〜50年）

図９　「レコード製作者」の権利の内容

「インターネット配信」するような場合が対象であり、サーバー等に蓄積されない「インターネット放送」や「ウェブキャスト」の場合も、これに含まれる。したがって、レコードをネット配信したい場合には、レコード製作者から「事前の了解」を得なければならない。これに対して、「放送」「有線放送」の場合は「報酬請求権」とされているため、放送局は、「指定団体」である日本レコード協会に対して「事後の利用料支払い」をするだけでよい。この制度は、「放送局の特権」として維持されている例外である。

したがって、ディスクジョッキーがＣＤをかけながら番組をやっているスタジオから、「ＦＭ放送」「ウェブキャスト」の二つのルートで送信が行われているとき、その放送局等は、「放送」に該当する前者については「事後の利用料支払い」をするだけでよいが、「送信可能化(による自動公衆送信)」に該当する後者については、レコード製作者から「事前の了解」を得ることが必要である。前者の「報酬請求権」の方が例外なのであり、こうしたズレやアンバランスが生じる原因は、「放送局の優遇」が今でも続いていることにあるのである。

「一年」+「四九年」という特異な制度

「レンタル」に関する権利は、「著作権③」についても「著作隣接権」についても、日本が非常に早い時期(一九八四年)に法制化したもので、この権利に関しても日本は世界をリードしてきた。アメリカの著作権法には、いまだにこの権利が明記されていないのである。

日本が率先してこの権利を法制化したのは、一九八〇年前後に急速に拡大した「レコード・レンタル店」の問題に対応するためだった。ところが、その時点で既に極めて多数のレンタル店が存在していたため、新しい権利の創設に当たって、「政治的な妥協」をせざるを得なかったのである。要するに「権利を弱くする」ということだ。これが、「一年間の許諾権」+「四九年間の報酬請求権」という、国際的に見ても極めて異例な制度である。保護期間については後に述べるが、「レコード」の場合は、「固定(録音)されたとき」~「発売から五〇年後まで」

とされている。この約五〇年間のうち、レンタルについて「レコード製作者」が「許諾権」を持つ(無断レンタルに「ストップ！」と言える)のは発売後の一年間だけであり、その後の四九年間は「報酬請求権」に切り下げられてしまうのである。日本は世界的に見ても極めて早くこの権利を作ったのに、今では「完全な権利を認めていない国」と言われてしまっている。

(3)「実演者」の権利

「実演者」の「著作隣接権」によって保護されているコンテンツは、「演技」そのものである。この場合も、「演技」をしさえすればその「演技」が直ちに保護されるが、実演者の場合には多少の限定があり、法律では「著作物を演じる行為」と「それに類する、芸能的な性質を持つような演じる行為」が対象とされている。

「著作物」を演じるとは、「音楽を演奏する」「振付を踊る」「脚本を演じる」といった場合である。「著作物以外のもの」を演じている場合としては、「手品」「モノマネ」「腹話術」「曲芸」などがあるが、保護されるのは「芸能的に演じられているもの」だけである。「演じられている」ということは「予めストーリーが決まっている」ということなので、「スポーツの試合」など、「何が起こるか分からないもの」は「実演」ではない。しかし、例えば「体操の床運動」

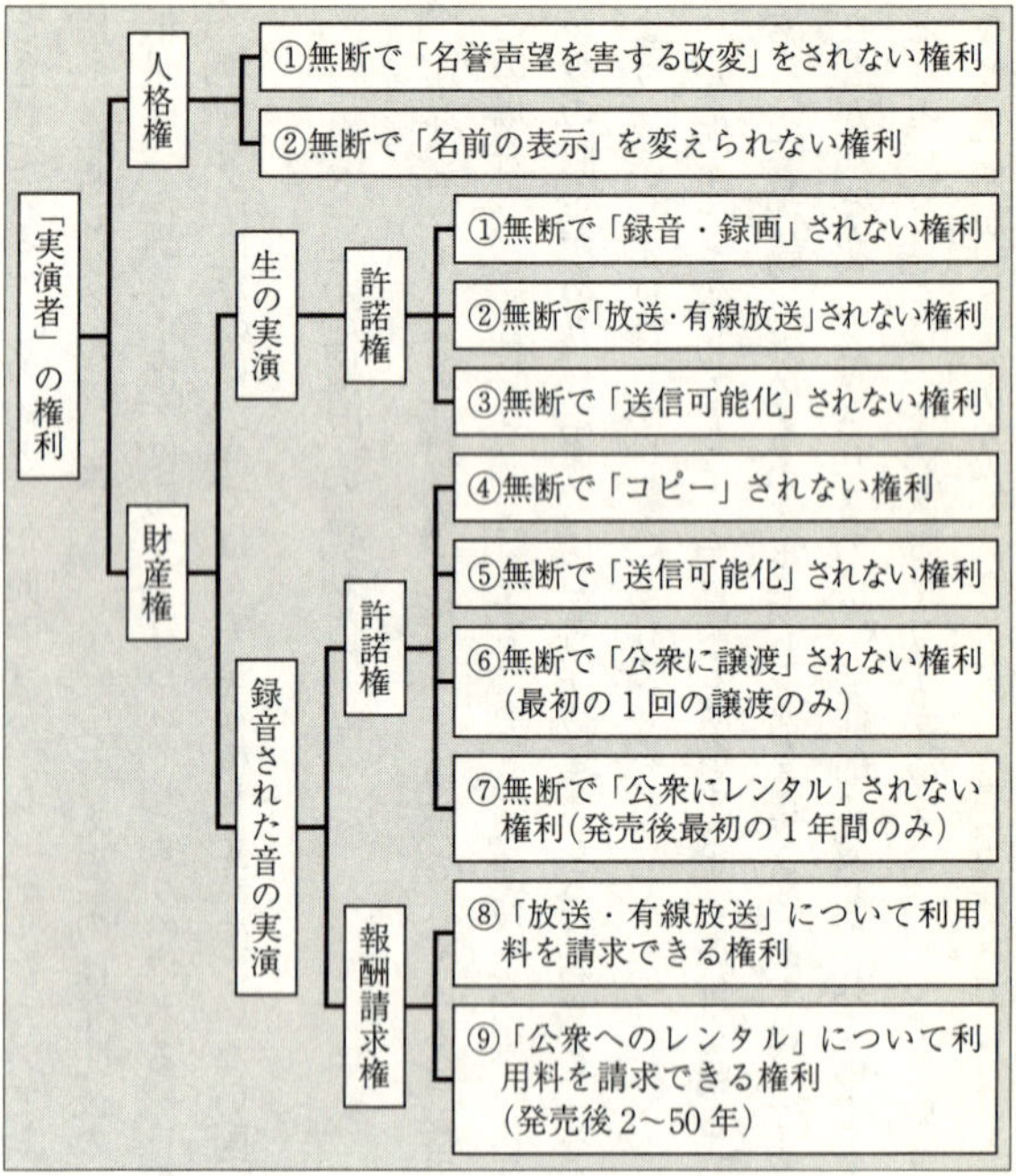
「実演者」の権利
人格権
①無断で「名誉声望を害する改変」をされない権利
②無断で「名前の表示」を変えられない権利
財産権
生の実演
許諾権
①無断で「録音・録画」されない権利
②無断で「放送・有線放送」されない権利
③無断で「送信可能化」されない権利
録音された音の実演
許諾権
④無断で「コピー」されない権利
⑤無断で「送信可能化」されない権利
⑥無断で「公衆に譲渡」されない権利（最初の１回の譲渡のみ）
⑦無断で「公衆にレンタル」されない権利（発売後最初の１年間のみ）
報酬請求権
⑧「放送・有線放送」について利用料を請求できる権利
⑨「公衆へのレンタル」について利用料を請求できる権利（発売後2〜50年）

図10　「実演者」の権利の内容

や「フィギュアスケートの演技」のように、「何が起こるか予め決まっているスポーツ」というものもある。だがこれらは、「芸能的」でないため保護されない（ショーとして行われているものは保護される）。

「実演者」の具体的な権利の内容は、図10のとおりである。

実演者にも「人格権」

これらの権利のうち「人格権」は、二〇〇二年の一〇月から新たに付与されたものである。「著作者」については、既に述べたように「小説のストーリーを無断で改ざんする」とか「絵画の色を無断で塗りなおす」などといった行為を防止するため、昔から「無断で『改変』されない権利(同一性保持権)」が与えられていたが、「実演」については、「実演の改変」ということが技術的に困難であったために、この権利の必要性は認識されていなかった。実演を改変しようとすれば、例えばフィルムの一コマ一コマをすべて描きなおしていくことになり、そんな面倒なことはあまり行われなかったのである。

ところが、デジタル技術の発達によってあらゆる情報の改変が極めて容易になったため、様々な問題が起きてきた。例えば、ダンサーの了解を得てその踊りをコマーシャルに使うようなときに、体型が変えられている(太らされている、短足にされている、胸が大きくされているなど)とか、ひどい場合には、裸にされているとか顔が他人と替えられているなどということが起こるようになった。このために、実演者に「同一性保持権」を与えるということが国際的にも議論されるようになった。このことに関する条約はまだ完全に策定されていない(現行の条約は「音の実演」に限定)が、日本では条約の成立を待たずに、「音の実演」「映像の実演」の双方を対象として、二〇〇二年一〇月から「同一性保持権」と「氏名表示権」を付与している。

「実演」には「生」と「固定」がある

図10の「財産権」の部分を見ると、「実演者」の「著作隣接権」は、一見して「放送局・有線放送局」や「レコード製作者」の権利よりも複雑に見える。その理由は、「実演」というものに、「生実演」と「固定(録音・録画)された実演」があるためだ。まず「生」の実演の場合は、比較的簡単だ。図10に示したように、①無断で「録音・録画」されない権利、②無断で「放送・有線放送」されない権利、③無断で「送信可能化」されない権利、という三つがあるだけである。この部分が基本であり、要するに「コピー」と「送信」が権利の対象である。

これらの権利はすべて「許諾権」であるため、②の「放送・有線放送」と、③の「送信可能化」は、一本化してもよさそうに思える。しかし、既に述べたように、他の部分で放送局を優遇するための区別があるために概念を分けておく必要があることや、「送信可能化」には「送信行為」は含まれていないことなどのために、一本化はされていない。なお、「生の実演」を「送信可能化」するとは、生で現に行われている実演を、そのままカメラやマイクでサーバー等に入力し、(サーバー等への蓄積を伴わずに)アクセスした人に生のまま送信するような、「インターネット放送」「ウェブキャスト」などの送信形態である。

録音された「音の実演」と録画された「映像の実演」

このように、「生の実演」に関する権利は比較的単純で分かりやすい。したがって、「生の実演」と「固定(録音・録画)された実演」を同じルールにすれば、図10の半分程度は不要になり、非常に簡単になるのだが、「固定された実演」については別のルールが国際的にも採用されているために、全体が複雑で分かりにくくなっている。なぜかと言うと、どこの国でも政治力が強い「映画会社」を優遇する(「実演者」の権利を弱める)ために、特別のルールを作っているからだ。

具体的には、「固定された実演」について、「音の実演」(レコードに録音されたもの)と、「映像の実演」(映画・ビデオなどに録画されたもの)を区別していることである。要するに、「映画会社」を優遇するため、「録画された『映像』の実演」については「実演者に権利はない」としているのだ。図10の中で、権利の対象となる実演が「生の実演(音・映像)」と「録音された『音』の実演」とされているのは、逆に言うと、「録画された『映像』の実演」については実演者に権利がない、ということを意味しているのである。

つまり、いったん映画などの中に「録画」されると、その後の「コピー」「放送」「レンタル」など、あらゆる利用について、実演者には何の権利もない(人格権は存続する)。このため、映画会社などが俳優を使って撮影をした場合、完成後にそのコンテンツを「ビデオ化」「放送」「レンタル」「ネット配信」などする際に、俳優の了解を得なくていいということになる。「映画会社と俳優」の関係は「レコード会社と歌手」の関係に似ているが、後者の場合は、レコード会社が既存のレコードを「再プレス(コピー)」したり「ネット配信」したりするときに、事前に実演者(歌手・演奏家)の了解を得なければならない。

映画に出演する俳優等は、「生の実演を無断で『録画』されない」という権利を持っているので、撮影前に「後々のビデオ化やテレビ放送などの二次利用についても、利用料を受け取れるような契約をするのでなければ、撮影を許さない」と言うことはできる。しかしそんなことを言ったら、一部の有名俳優以外は、「じゃあ、出なくていいよ」と言われてしまうだろう(日本の有名俳優は、この方法で二次利用料をもらっている。また、アメリカの俳優は著作隣接権を与えられていないが、組合を作り団結してストライキをするので、こうした要求が通る)。

こうした差異をなくして「録画された『映像』の実演」についても実演者に権利を付与する――ということが国際的にも議論されるようになり、一九九六年と二〇〇〇年には条約案も策定された。しかしこの条約は、そもそも「著作隣接権」の保護を行っていないアメリカが積極的でなかったことなどのために、まだ採択に至っていない。アメリカ政府は、俳優出身のレーガン元大統領でさえ俳優に権利を与えようとしなかったことに象徴されるように、ハリウッドの利益に反することはなかなかできないのである。

ただし、「録画された映像の実演」について将来権利が拡大されたとしても、弱い立場にある俳優は、結局は「契約による権利放棄」を迫られる。したがって、権利がなくても団結して利益を確保しているアメリカの俳優たちのように「団結してストライキをすること」や、「有名俳優が無名俳優のために『それなら私も出演しない』と言うこと」などが必要になるだろう。

「録音」された「音」の実演に関する権利

一見複雑に見えるが、レコードに「録音」された「音」の実演に関する権利の部分(図10の④〜⑨の権利)は、「許諾権」の部分も「報酬請求権」の部分も、よく見ると「レコード製作者の権利」と全く同じである。

したがって、放送局の優遇・特権のために、「放送・有線放送」が「許諾権」ではなく「報酬請求権」の対象とされていることや、「レコードのレンタル」について「一年＋四九年」という特異な制度がとられていることも、「レコード製作者」の権利の場合と同じである。

第四章　「権利を及ぼさない場合」の法律ルール

1　権利は絶対ではない

法律ルールによって何らかの権利が付与されても、それは絶対のものではない。例えば、国際人権規約や日本国憲法によって「基本的人権」とされている「言論の自由」についても、少なくとも日本では、「名誉毀損は違法」とされている。これは、ある人が国際人権規約や憲法に基づく人権を持っているといっても、他人にも「別の人権」があるからである。

つまり、人権と人権の衝突が生じるわけで、名誉毀損の場合について言えば、「言論の自由」という権利と「いたずらに名誉を毀損されない」という権利が衝突している。このような場合には、国会を通じて国民が決める「法律ルール」によって、どのような場合にどちらを優先するか――ということを決めるしかない。ちなみに、人びとの権利が束になったものが「公益」だが、このために、権利の制限について、しばしば「公益のため」ということが言われるのだ。

四通りの方式

このような「権利と権利の間の調整」(権利を行使できる場合からの「除外」に関する法律ル

ールの策定）は、様々な方式で行い得る。例えば、「言論の自由」と「名誉毀損」の場合には、極めてストレートに後者を「刑事罰」の対象としているが、「土地所有権」と「空港建設」などの場合には、土地収用法によって「強制買い上げ」的な制度が設けられている。著作権の場合にも様々な方式があり得るが、どこの国でも次のような方式を組み合わせている。

①「保護されるコンテンツ」に当初から含めない
②「保護期間」を満了させて保護を打ち切る
③権利の対象となる「利用行為」に当初から含めない
④いったん権利の対象とした上で、「権利制限規定」（例外規定）によって例外的に無断利用を認める

こうした「除外」については、いくつか注意すべきことがある。まず第一に、これらについては「条約」によって定められた最低基準や条件があり、国内法で無制限に規定できるわけではない。また第二に、これらのいずれについても、あらゆる法律に共通する宿命として、「黒の場合」と「白の場合」の間に「灰色部分」がある。そうした部分について「曖昧な部分があって困る」などと言う人がいるが、著作権の法律ルールにおいては「権利者の了解を得て利用する」ということが「原則」であり、「明らかに除外・例外に該当する」という場合にだけ無

断利用が許されるのである。要するに、「アブナイことはしない方が無難」ということであり、するなら「自己責任でリスクを負う」しかないのだ。

第三に、こうした「除外」や「例外」は、権利者が持つ「無断で利用されない権利」が「及ばない」という場合を定めているだけであって、利用者の側に「利用できる権利」を付与しているわけではない。例えば、権利が及んでいない場合であっても、権利者が「コピー・プロテクション」などによって事実上利用ができない状況にしていることは、「利用者の権利の侵害」ではない。本屋の本にビニールがかけてあることは、「立ち読みできる権利の侵害」ではないのである。

常に見直されている例外

権利を強めるにせよ弱めるにせよ、法律ルールの改正を目指して自ら行動を起こすことに関しては、後に詳細に述べるが、そのような法律ルールの改正の中で「権利を及ぼさない場合」の拡大・縮小は、大きなテーマのひとつとなる。特に、著作物などのコンテンツそのもの、コピーの方式・媒体、送信システムなどについて、急速な変化が起きているため、例外についても各国で常に見直しや改正が行われている。社会が急速に変化しているときには、著作権法に限らずあらゆる法律は常に「時代遅れ」になっているのだ。

これには当然、除外や例外の「拡大」「縮小」の両方が含まれており、例えば「拡大」について言うと、「最近普及してきた新しい利用形態であって、従来は例外の対象とされていなかったが、立法当時において『例外の対象とすべきでない』という判断があったわけではなく、単にそのような利用形態が存在しなかっただけであって、権利者の利益を害しない」などというものについて、例外の拡大が行われつつある。その多くは、インターネットなどを用いた「送信利用」であり、例えば「点字データのネット配信」や「遠隔授業の副会場への教材の送信」などが、最近拡大された例である。

逆に「縮小」については、「立法当時は権利者の利益を害しなかったが、その後の技術変化等により、権利者に大きな損害を与えるようになった」といったものについて、法改正の動きがある。例えば、「公民館や図書館などでの、非営利目的・入場無料の映画上映会」がその例だ。立法時点ではまだビデオというものが存在しておらず、「映画」はほとんど映画館だけで上映されていた。したがって、「図書館や公民館が映画フィルムなどというものを入手することはめったにないだろうが、もし年に何回かそんなことがあったら、非営利目的・入場無料で地域住民に上映するのは、無断でやってもかまわない」という趣旨の規定だったのである。

2 「権利制限規定があってもコピーしない」という契約

八三ページに示した四つの方式については、条約が定める義務の範囲内で、各国がそれぞれ工夫して方式を選んでいるが、特に③④のいずれの方法を用いるかは、法律の規定の作り方に関する各国の伝統や立法技術上の問題によって決まるものであり、同じ趣旨の除外であっても、国によって方式が異なっている。

例えば、「学校の学芸会での子どもたちの音楽演奏」に著作権を及ぼしている国はおそらくないが、その方法は、日本では④(権利制限)であるが、ドイツでは③である。また、「図書館からの本の貸し出し」についても、著作権(許諾権)を及ぼしている国は存在しないと思われるが、その除外方法は、世界の多くの国に先駆けて「貸与権」を法定した日本では④だが、後から追いついてきた国際条約や多くの国では③だ。さらに、「同一構内での有線送信」(小学校の放送クラブが給食の時間に校内に音楽を流すようなこと)について、日本では③の方式で権利の対象から除外しているが、④の方式で規定することも可能だったのである。

法案を作ってきた文化庁で過去の経緯を確認すると、方式としては③でも④でもいい場合について、「どのような場合についてどちらにするか」という基本的・統一的な方針はなかったということが分かる。つまり、単に立法技術上の問題として、その都度どちらかが選ばれてきたのだ。専門家の中には、「③にするか④にするかということについて、文化庁は基準を持っていたはずだ」という前提に立って、例えば、「④の方式で規定されている場合だけは、『権利制限規定があっても、コピーしない』という契約が(④の方式だということを理由に)無効になる場合がある」などということを言っている人がいるが、「③か④かで、法的な効果が異なる」という発想は、完全な間違いである。

民法の規定によって「公序良俗に反する契約」などは当然無効とされるので、個別のケースについて裁判所が「この『コピーしない』という契約は無効」という判決を出すことはあり得る。しかしそれは、「③ではなく④の方式だからだ」ということを理由とするものではあり得ない。もし裁判所がそのような理由で「この契約は無効」という判決を出すようなことがあったら、法案作成時点で意図していなかった重大な結果が生じてしまっているわけであり、「契約の有効性についての予見性・安定性」を確保するためにも、文化庁は、規定のしかたを④から③に変えるような法案を直ちに作るべきだろう。

3 「フェア・ユース」という特殊な例外ルール

こうした例外について日本で広く見られる勘違いは、「アメリカでは、『フェア・ユース』という規定(一般的に「公正な利用」は許されるという規定)により、大幅な無断利用が認められている」という誤解である。アメリカの著作権法にある「フェア・ユース」という考え方は、単に例外規定の「書き方」を「大まか」にするということであって、「例外の広さ」とは無関係なのだ。つまり、権利制限によって例外的に無断利用が許される場合の条件について、個々に「詳細」な規定を法定するのではなく、「大まか」な規定だけを書いておき、「何がフェア・ユースか?」という対象範囲の特定は、個々のケースごとに「裁判所の判断」に任せるというものである。

「フェア・ユース」という考え方が機能している背景には、①行政に頼らず常に裁判で問題を解決しようとする国民性、②迅速な裁判を受けられる司法制度、③裁判を回避するための民間の契約・合意システムの発達——といったアメリカ社会の特性がある。例えば、「教育目的で使用する場合の例外」については、法律の曖昧さによる混乱や訴訟の乱発を回避するために、

「教育関係団体」と「権利者団体」が政府と関係なく（日本の著作権法の規定よりもはるかに詳細で複雑な）独自の「ガイドライン」を定めている。また、「すべて裁判にまかせる」ために、アメリカ政府で著作権を担当する職員は、「著作権法の解釈に関する外部からの問い合わせには、一切答えてはならない」こととされている。

日本でも「フェア・ユース」の考え方を採用すべきだという意見があるが、そのためにはまず、「大まかな規定の曖昧さを補うための膨大な自助努力」を行う「覚悟」が必要なのである。

4　「権利を及ぼさない場合」の内容

この項では、前記の①〜④の方式によって、法律ルールで意図的に「権利を及ぼさない」とされている場合について、例をあげて解説する。

①「保護されるコンテンツ」からの除外

《特定のコンテンツについては、当初から「著作権の対象外」とされている》

既に述べたように、次の著作物は、そもそも「保護の対象外」とされている。

○立法関係——法令
○行政関係——国や自治体の告示・訓令・通達など
○司法関係——裁判所の判決・決定・命令・審判など
○前記のものの「翻訳物」「編集物」(国・自治体が作成するもののみ)
さらに、次のような除外も行われている。
○「実用品」のデザインや「創作性がないもの」を、保護対象(著作物)から除外
○「著作物を演じておらず、また、芸能的な性格もないもの」(例えば、スポーツの場面)を、保護対象(実演)から除外
○「ウェブキャスト」などの自動公衆送信で送信される番組を、保護対象(番組)から除外

②「保護期間」の設定による保護の打ち切り
《「古いもの」は無断で使える》
保護期間に関する法律ルールは、条約では「最低基準」のみが決められており、日本では表1のような法律ルールとされている。「○年」と言った場合は、すべて「翌年」から計算するので、例えばある年の八月に、ある著作者が亡くなった場合は、「翌年の一月一日から起算し

表1　「保護期間」の内容

コンテンツの種類	保護の始まり	保護の終わり
著作物*	つくられたとき	著作者の死後50年まで
放送番組	放送されたとき	放送の50年後まで
有線放送番組	有線放送されたとき	有線放送の50年後まで
レコード	最初に録音されたとき	最初の発売の50年後まで
実　演	演じられたとき	演じられてから50年後まで

* 「無名・変名の著作物」(原則として「公表後50年」まで)，「団体名義の著作物」(原則として「公表後50年」まで)，「映画の著作物」(原則として「公表後70年」まで)などについての例外がある．

て五〇年後の一二月三一日」の終わりに「著作権③」が消滅する。「著作権②」や「著作隣接権」のうち「人格権」の部分は、「クリエーターの感情」を守るものであり、譲渡・相続等ができないため、権利者が死亡したときに消滅する。しかし、人格権の侵害となるような行為は権利者の死後もしてはならないこととされており、実質的には永久保護となっている。なお、外国の著作物等については、日本も含めて「最低基準」を超えた保護期間を設定している国もあり、各国で保護期間が異なる場合の「相互主義」や「戦時加算」などのルールがあるため、個々のケースごとに専門家に相談した方がよい。

③権利の対象となる「利用行為」に当初から含めない

《「同一構内」の有線送信は権利の対象外》

このことについても既に述べたが、「校内放送」や

「社内放送」で音楽を流すようなことは、(対象が「特定多数」なので、本来は「公衆送信」に該当するはずだが)定義規定によって「公衆送信」から除外されている(ただし、コンピュータ・プログラムについては、この除外の対象からさらに除外されているので、権利者の了解が必要)。ここで言う「同一構内」とは、基本的には「同じ建物の中」ということだが、高層ビルの中に多くの会社が入っているような場合は「その会社の占有部分」ということになる。また、「同一構内」に該当するためには「連続性」が必要なので、東京本社と大阪支社をひっくるめて「同一構内」とは言わない。

なお、同一構内の有線送信については「無断で公衆送信されない権利」は及ばないが、LAN(ローカル・エリア・ネットワーク)などを用いる場合(サーバーや端末中で「コピー」ができる場合)には、コピーしてよい場合なのかどうかについて、注意する必要がある。

《「無断で譲渡されない権利」は、あまり気にする必要はない》

「無断で公衆に伝達されない権利」の対象となる「伝達行為」の中には、「譲渡」(コピーを売ったり譲ったりすること)が含まれている。つまり、「譲渡権」と呼ばれる「無断で公衆に(コピーを)譲渡されない権利」があるわけだが、では、「自分が買った本やCDを、『転売』したり、『プレゼント』として『譲渡』する」ということは、権利者に無断でしてはいけないのだろうか。当然のことながら、そんなことはない。この「譲渡権」という権利だけは、「対象となる譲渡行為」が大幅に限定されているのだ。

これは、この権利が（条約上も）比較的最近になって設けられた目的が、「海賊版製造者からそれを（海賊版と知りつつ）譲り受けた販売業者」による「販売行為」をストップすることだったからである。例えば、ある海賊版製造者が大量の海賊版を作り、それを（海賊版と知りつつ）全部譲り受けた販売業者が、まさに販売を開始しようとしていたとする。そのとき権利者が、「それを売るのは止《や》めてくれ」と言っても、販売業者から「違法にコピーしたのは私ではなく、私は権利を侵害していない。違法コピーをした人を探し出して、損害賠償を請求すればいいではないか」と言われたら、何もできない。そこで、「無断でコピーされない権利」とは別に、「無断で（コピーを）公衆に譲渡されない権利」を作ったわけだ。したがって、無断コピーによる海賊版が作られていない限り、この権利は本来不要であって、このために「最初の一回の譲渡」だけが対象とされているのである。

「書店に置いてある本」や「レコード店に置いてあるＣＤ」は、仕入れの段階で（権利者の了解を得て）譲渡されているので、既に「無断で公衆に譲渡されない権利」は（そのコピーについて）消滅している。したがって、この権利について気にしなければいけないのは、「（権利者の了解を得て）自分でコピーをつくる人」である。そうした場合に、つくったコピーを販売するのであれば、「コピー」だけでなく「譲渡」についても権利者から了解を得ておかなければならない。「劇場用映画」については、既に述べたように、「譲渡」と「貸与」を合わせた「無断で頒布されない権利」というものがあり、この権利は「二回目以降の譲渡」にも及ぶ。このような差異があるのも、映画会社を優遇するためだろう。ただし、これはあくまでも、一般人には手に入りにくい「劇場用映画」のためのものなので、特に気にする必要はない。

④いったん権利の対象とした上で「例外」（権利制限）を設ける

このカテゴリーに属するのがいわゆる「権利制限」という例外であるが、主なものとしては、次のようなものがある。それぞれについての条件は著作権法で詳細に規定されているが、ここでは主な条件だけを記述した。なお、「例外的に無断でコピーできる」とされている場合であって、例えば「教員による教材のコピー・配布」のように「公衆への譲渡」を当然伴うような場合には、「譲渡」についても例外的に無断でできることとされている。

(1)　「公益」のための例外

《「障害者」による使用を目的とする場合には、次のような例外がある》

◎本・新聞・雑誌などの「点訳」(点字へのコピー)

(営利目的でもかまわない)

◎ネットによる「点字データ」の自動公衆送信

(営利目的でもかまわない。サーバー等への蓄積(コピー)も含む)

◎「点字図書館」等による「録音図書」の作成・貸出し

(この例外を「公共図書館」等に拡大することについては、関係団体間の協議の結果、当面は関係者による「契約システム」「事前の意思表示システム(『EYEマーク』『自由利用マーク』など)」の開発・普及を行うことで合意されており、日本図書館協会も現時点での法改正は求めていない)

◎聴覚障害者のためのテレビ番組の「字幕」の自動公衆送信

(関係団体間の協議・合意により、いわゆる「ウェブキャスト」のような、サーバー等の中での蓄積を伴わない自動公衆送信の場合だけが例外とされた)

◎ボランティア等による「拡大教科書」の作成

(弱視の児童生徒向けのもの。既存の教科書を丸ごと一冊拡大するような場合には、教科書会社への通知が必要)

《「教育」のための使用を目的とする場合には、次のような例外がある》

◎「教員・講師」や「生徒・受講者」による「教材作成」のためのコピー

(学校教育・社会教育の「非営利の教育機関」の「教員・講師」や「生徒・学習者など」が、「本人の授業」で教材として使おうとする場合。インターネットを通じたダウンロード、プリントアウト、コピーや、テレビ番組の録画なども含む。教育用ソフトやドリルなど、「ひとりひとりが購入すべきもの」は除く。校内での「ライブラリー化」などによって「他の教員や生徒」なども使えるようにすることについては、補償金制度を導入する可能性なども含め、関係者間協議が行われている)

◎「遠隔授業」などでの「授業の生中継」における教材の公衆送信

(関係団体間の協議・合意により、非営利の教育機関の遠隔授業等で、「主会場での授業」を「副会場に生中継」している(特定受講者以外は視聴できない)ようなときに、主会場で教材として配布・掲示等されているコンテンツを副会場に送信する場合だけが例

外とされた）

◎「教科書」への掲載（コピー）
（既存のコンテンツを教科書に掲載（コピー）すること。補償金の支払いが必要）

◎「試験問題」への掲載（コピー）・公衆送信
（ネット試験での送信も含む。営利目的の場合は、補償金の支払いが必要）

◎非営利・無料・無報酬の「上演」「演奏」「上映」
（学芸会で劇の上演や音楽の演奏をすること、音楽の授業でＣＤの曲を流すこと、授業でビデオを上映すること、インターネットで入手した動画・静止画を教材としてディスプレイで提示（上映）することなど）

◎「自分の学習」のためのコピー
（仕事以外の目的で個人的に学習する場合のコピー。コンピュータ教室内での調べ学習など、インターネットなどによるダウンロード、プリントアウト、コピーも含む。コピーしたものをクラス内に配布する場合は、この項の最初の例外が適用される）

◎レポート等での「引用」による掲載（コピー）
（「自分が書いたレポート等」（主たる著作物）の中に、「批評対象」「研究対象」「主張の根拠」など(従たる著作物)として掲載(コピー)する場合(「引用されたもの」だけで構成――というのは対象外)。「主従関係」が明確で、「引用部分」がカギ括弧などで明らかであるとともに、引用する「必然性」が必要(「装飾用」などは対象外)。調べ学習のレポート、教員研究会の報告書などについても、これらの条件を満たせば引用が可能)

《「知る権利」等との関係で、次のような例外がある》

◎「情報公開法」に基づく「情報開示」(コピー等)

(「公表権」「氏名表示権」なども制限されている)

◎「報道」のための利用

(コピーだけでなく、公衆送信等も含む)

◎「新聞・雑誌に掲載された時事論説」の転載・放送等

(他の新聞・雑誌(書籍は含まれない)に転載する場合、放送・有線放送する場合。禁止表示がある場合を除く)

◎「政治家の演説」の利用

(コピーだけでなく、公衆送信等も含む。ひとりの政治家の「○○議員演説集」を作る

ような場合は除く）
◎国・自治体の「広報資料」の掲載（コピー）
（説明の材料として新聞・雑誌など（書籍も含まれる）に転載する場合に限る。「転載禁止」とされている場合は除く）

《「図書館」での利用について、次のような例外がある》
◎図書館による書籍等の「貸出し」
（非営利・無料の場合。ビデオ・ＤＶＤ等の場合は、追って述べる「公貸権」に相当する制度があり、貸出しについて図書館が権利者に補償金を支払っている）
◎図書館職員による書籍等のコピー
（利用者の求めに応じて書籍等の一部分を一部だけコピーする場合、図書館資料の保存のために必要な場合、絶版になった資料を他の図書館に提供する場合など。郵送は含まれるが、ファックス送信は含まれない。ファックス送信については、関係者間協議が行われている）

(2)　政治力のある特定業界を優遇する例外(権利者の権利の切り下げ)

《「映画会社」は、次のように優遇されている》

◎俳優等の了解を得て「録画(撮影)」が行われた実演については、俳優の権利が消滅する

(「レコード」のコピーや放送については「歌手」に権利があるが、「映画」の場合はビデオ化や放送について「俳優」に権利がない)

◎映画監督等の「著作権②」(「人格権」＋「著作権③」)のうち「著作権③」は、自動的に映画会社に移転する

(映画監督等の著作者が持つのは、「人格権」のみ)

《「放送局」「有線放送局」は、次のように優遇されている》

◎「著作物」「実演」について「放送」の了解を得た場合は、無断で「録画」できる

(その放送以外の用途には使えない。「実演」について俳優から「録画(撮影)」の了解を得れば、前記の映画会社の場合と同様に俳優の権利が消滅して番組の二次利用を拡大できるのに、放送局等がこの例外規定に頼っていることが、映画に比べて放送番組の二次利用が困難な理由のひとつ)

◎「レコード」を「放送・有線放送」するときに、「レコード製作者」「実演者」の了解を得ることは不要

（「許諾権」でなく「報酬請求権」に切り下げられている。「著作者」の権利は「許諾権」なので、音楽CDを放送に使うためには作詞・作曲家の事前了解が必要であるが、各放送局は、ＪＡＳＲＡＣ（ジャスラック。日本音楽著作権協会）と年間包括契約を事前に行っている）

(3)　その他の例外

《「個人使用」「家庭内使用」のための「コピー」は、例外的に無断でできる》

「テレビ番組の家庭内録画」「家族旅行のための地図のコピー」「ウォークマン用のCDのコピー」「インターネットからの個人用ダウンロードやプリントアウト」など。「学習目的」は含まれるが、「仕事目的」は含まれない。コピー・プロテクションをはずしてコピーする場合は、含まれない。

《一定の条件を満たす「引用」のための掲載（コピー）は、例外的に無断でできる》

「教育」だけでなく、「出版物」「ホームページ」などへの掲載も対象となる。「一定の条件」は、次のとおり。①カギ括弧などにより「引用部分」が明確、②「自分が書いた部分(主たる著作物)」と「他人のものを引用した部分(従たる著作物)」の間に「主従関係」がある(「他人のもの」のみで構成——というのは「引用」ではない)、③「批評対象」「研究対象」「自分の主張の根拠」などの「正当な目的」の範囲内、④引用を行う「必然性」がある(「俳句や絵画の批評」など、必然性があれば「全体の引用」も例外の対象。カラー・白黒、大きさなど、すべて「必然性」の有無の問題。アニメのキャラクターを「装飾」として使うのは必然性なし。キャラクターを引用できるのは、例えば「日本のアニメキャラクターの歴史」などという「主たる著作物」の中で批評・論評対象とする場合)、⑤「公正な慣行」の範囲内、⑥「出所の明示」がされている。

《「非営利・無料・無報酬」の「上演」「演奏」「口述」「上映」は、例外的に無断でできる》

「教育以外の目的」でもよい。「上映」については、ビデオの普及によって損害が拡大したため、教育目的の上映等を除き、廃止の方向。なお、「非営利・無料」なら「コピー・配布」してよい——という例外は存在しない。

《「屋外」にある美術品・建造物は、原則として自由に利用できる》
次の場合は除く。
○「彫刻」について、同じものを作ること
○「芸術的建築物」について、同じものを作ること
○一般に開放されている別の場所に恒常的に設置するためにコピーすること
○美術の作品について、販売目的（例えば「絵葉書」にして売ること）でコピーすること

《コンピュータ・プログラムの「バックアップ・コピー」は、例外的に無断でできる》
元のプログラムを売ってしまったような場合は、消去することが必要。

《「著作者」「実演者」の「人格権」についても、例外がある》
◎同一性保持権（無断で改変できる場合）
○「やむを得ない改変」の場合（印刷機器の性能が悪くオリジナルの色が出ない、映画のテレビ放送で四隅が切れるなど）

○コンピュータ・プログラムの「バグの修正」「バージョン・アップ」の場合
○著作権のある「芸術的建築物」の「増築」「改築」「修繕」「模様替え」の場合
○子ども向けの「教科書」や「絵本」に掲載するために用字・用語等を変更する場合

◎氏名表示権（本人の意思を確認しなくてよい場合）
○「権利者の利益を害するおそれがない」ような場合（ＢＧＭを流すときに、いちいち作曲者名や演奏者名をアナウンスしないことなど）
○「既に権利者が表示しているとおり」に表示する場合

◎公表権（権利者が公表に「同意したと推定」される場合）
○未公表の著作物の「著作権③」を譲渡した場合
○未公表の「美術品」等（原作品）を譲渡した場合

（注）「著作者の人格権」と「実演者の人格権」では、条件が若干異なる。

第五章　新しい「法律ルール」の構築

この章では、「法律ルール」を変えていく動きについて述べる。経済・社会・技術は常に変化しており、特にコンテンツの創作・流通・利用・使用の形態は、関係する技術の変化・発展によって、これまでになく急速に変化してきている。どこの国でも法律改正には相当の時間がかかるものだが、このような状況は、「世界中の著作権法は、すべて宿命的に時代遅れ」ということを意味している。社会の変化が停止しない限り、著作権法に限らずあらゆる法律は常に「時代遅れ」であり、すべての「法律ルール」について不断の改善努力が必要なのである。

この章ではまず最初に、著作権の世界では既に「過去のもの」となりつつある、「デジタル化・ネットワーク化への対応」ということについて述べる。このことについては、実は、「法律ルール」の在り方に関する国際的な議論が、既に一九九六年の条約制定で一段落しており、現在は、各国における法整備の実施段階に移っている。また、こうした動きは日本が始めたものであり、日本が各国をリードしてきた。

次に、さらに新しい状況に対応するため、将来に向かって「法律ルール」を変えていくことに関し、日本独特の深刻な問題も含め、課題の整理と問題提起を行う。

1　日本発の「インターネット対応」

パソコンやデジタル機器の利用が広がりつつあった一九九〇年代前半に、著作権に関する「法律ルール」をどうすべきかという議論は、当時「マルチメディア」などと呼ばれていた「物」への対応策ということから始められた。当時、世界中で「マルチメディア」と呼ばれていたものは、ＣＤという「ひとつの媒体」の中に、文章、音、静止画、動画などの「様々なコンテンツ」が融合された「物」であった。そうした複雑なコンテンツは、送信環境が整った現在では、「ブロードバンド・コンテンツ」などと呼ばれるようになっているが、当時はまだインターネットの利用が普及しておらず、送信環境が整っていなかったため、「送信系」ではなく「パッケージ系」などと呼ばれ、ＣＤに固定されて流通していたのである。

このため当時の人びとは、これを同じ「パッケージ系」である「映画・ビデオ」と比較した。それ以前は、多くの「部品」を含み多様な「利用形態」と関係する「複雑なコンテンツ」と言えば、「映画・ビデオ」が代表だったからだ。しかし、「マルチメディア」と呼ばれた新しい融合コンテンツは、ビデオをはるかに越える複雑さを持ち、性質の異なるコンテンツを融合でき、さらに、必要な「部品」だけを組み合わせて取り出せる――などといった機能を持っていた。

このため、当時の世界の著作権専門家は非常に驚き、(「映画・ビデオ」については様々な例外が存在していたこともあり)「マルチメディアの出現に対応して、世界の著作権法をどう変えるか?」ということについて、大騒ぎを始めてしまったのである。しかし、次第に変化の本質が理解されるようになり、世界の著作権専門家たちは、検討すべき対象は「マルチメディア」などと呼ばれる「物」ではなく、より広範な「デジタル化・ネットワーク化」という「現象」であるということに気づいた。よく考えてみれば当然のことだが、「デジタル化」や「ネットワーク化」は、「複雑なコンテンツ」だけではなく単純なものについても起こる現象であり、ことの本質はそちらにあったのだ。

(1) 何が起こったのか

当時は、「マルチメディア」だけでなく、「サイバー・スペース」「バーチャル・リアリティー」などの新語が氾濫していたが、そうした曖昧な用語や概念に振り回されず、「何が起こっているのか?」ということを正確に示すと、図11のようになる。

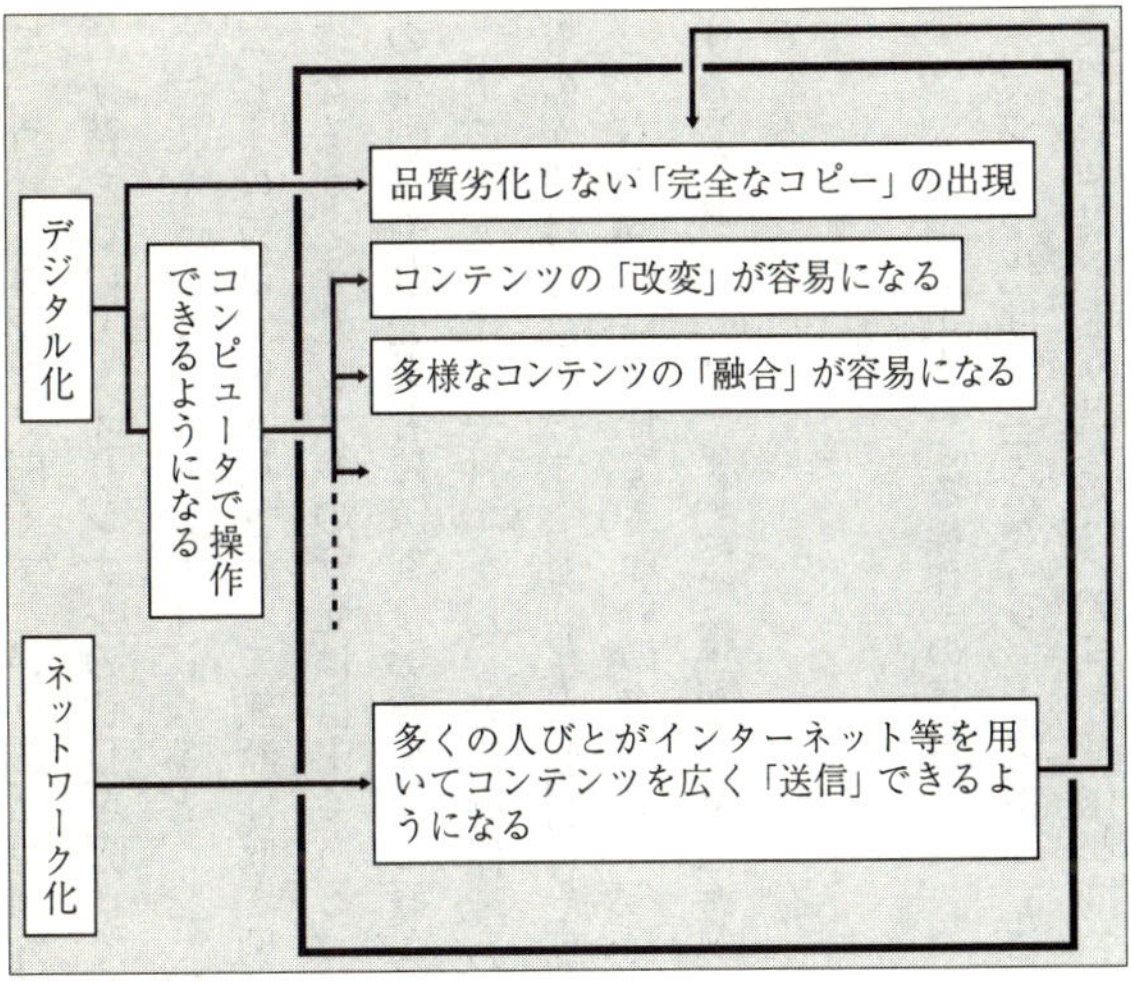
デジタル化
ネットワーク化
コンピュータで操作できるようになる
品質劣化しない「完全なコピー」の出現
コンテンツの「改変」が容易になる
多様なコンテンツの「融合」が容易になる
多くの人びとがインターネット等を用いてコンテンツを広く「送信」できるようになる

図11　デジタル化・ネットワーク化の効果

① 「デジタル化」の進展

まず、コンテンツの記録や送信の方式について、「デジタル方式」というものが普及してきたが、その結果、「オリジナルと全く同じ完全なコピー」に近いものが出現した。アナログ方式の場合はコピーの方がオリジナルよりも質的に劣っていたので、「権利者に致命的な損害を与える行為を一億人が行える」などという状況にはなかったが、「誰でも『完全なコピー』が作れる」という時代の到来が、状況を一変させたのである。

例えば、既に述べた「個人で使用することを目的としたコピー」に関する例外によって、「CDをカセットテープにコピーして、ウォークマンで聞く」ということが例外的に許されているが、カセットテープの場合は音質が落ちるので、オリジナルのCDを売ってしまう人はいない。しかしこれが「CDからMDへ」というデジタル・コピーになると、全く同じ品質のクローンができてしまう。この場合、コピーの方は「個人用」として無断作成が例外的に許されているものなので、転売すると違法になるが、オリジナルの転売は自由である。このために「中古市場」が形成され、オリジナルの権利者や販売業者に深刻な影響を与えるようになった。

そこで、ドイツや日本など、著作権保護の水準が高い一部の国では、「補償金制度」というものが設けられた。「デジタル方式のコピー行為」や「オリジナルの転売」などを法律で禁止しても実効性は確保できないので、むしろMDやMD録音機器の方に「補償金」(価格に上乗せする)を課し、これを集めて権利者(著作者・レコード製作者・実演者)に配分するという制度である。

②「コンピュータによる操作」の実現

デジタル化は、「完全なコピーの出現」とともに、「コンピュータによる操作」という極めて重要な結果を生み出した。デジタル化とは「数値化」を意味するので、数値を扱うコンピュータを使うことにより、コンテンツの操作が可能になったのである。その結果の第一は、「改変」がしやすくなったことだ。アナログ方式の場合には、撮影済みのフィルムの映像を一コマ一コマ直すようなことは極めて困難だったが、デジタル方式では、単に数値を入れ替えるだけで簡単に改変ができる。このため、「同一性保持権」(無断で改変されない権利)について、「強めるべき」「弱めるべき」という論争が国際的にも起こったが、既に述べたように、「実演者」の著作隣接権の中にこの権利が新設された。

第二は、「融合」がしやすくなったことだ。アナログ方式の場合は、文章・音・動画など、異なる種類のコンテンツをひとつの媒体に融合することが困難だったため、例えば語学教材などについて、「本(静止画・文章の媒体)にカセットテープ(音の媒体)を付けて売る」などということをせざるを得なかった。ところがデジタル化が進むと、どんな種類のコンテンツも数値化によってひとつのCDなどに融合して固定できるため、いわゆる「マルチメディア」などが爆発的に普及したのである。

③「ネットワーク化」の進展

ところで、これまで述べてきたことは、「ある個人の一台のパソコンの中」だけで起こっている限りは、（厳密には著作権侵害になる場合があったとしても）社会的に大した影響はない。自分のパソコンの中だけで、他人のコンテンツの「デジタル・コピー」を作り、これを「改変」し、他のコンテンツと「融合」し……などということをしたとしても、どうということはないのである。むしろ問題は、デジタル化と連動しつつも、これとは別の動きとして進展してきた「ネットワーク化」の方である。かつては、「公衆への送信」ということができたのは放送局だけだったが、多くの人びとが「インターネットに接続されたパソコン」を手にすることによって、状況が一変した。

また、これが前記のデジタル化といっしょになると、ある人が他人のコンテンツのデジタル・コピーをつくり、これを「改変」し、他のコンテンツと「融合」し、ネットを通じてそれを広く「送信」して、それを受信した多くの人びとがそれぞれ「デジタル・コピー」をつくり、それを「改変」し、他のコンテンツと「融合」し、再度ネットで広く「送信」し……ということが起こるようになってきたのである。

（2）国際的な検討の結論

こうしたことが国際的にも広く認識されるようになり、ＷＩＰＯ（世界知的所有権機関）を中心とした国際的な議論や検討が、一九九〇年代の前半から急速に進んだが、その結果、次のようなことが国際的な常識・共通理解となるに至った。

第一は、既に述べたことだが、「対応すべきものは『マルチメディア』という『物』ではなく、『デジタル化・ネットワーク化』という『現象』である」ということだ。また、当初は特別視される傾向があった「マルチメディア」というものについては、著作権の「法律ルール」上は、「データベース」「映画」「コンピュータ・プログラム」など、「既に著作権でカバーされているもの」だということが、国際的な共通理解になった。

第二は、「デジタル方式というものは、現行の著作権条約や各国の著作権法で、既にカバーされている」ということだ。デジタル方式の普及当初は、これを特別視する傾向が専門家の間にさえあり、今となっては考えられないことだが、「デジタル化権（無断でデジタル化されない権利）を新たに設けるべきだ」とか、「デジタル化した人に著作隣接権を付与すべきだ」とか、さらには「権利者がデジタル化を了解したときには、それによって可能になるあらゆる利用行為についても了解したとみなす法制を作るべきだ」などといったことが、真面目に議論されていたのである。しかし、変化の本質が理解されるにつれ、多くの人びとが「著作権の対象になるのは『行為』であって、『方式』は関係ない」ということに気づいた。どのような方式を用いても「コピー」は「コピー」であり、「送信」は「送信」なのである。つまり、著作権に関する「法律ルール」は、当初からアナログもデジタルも、将来生まれる全く新しいものも、すべての「方式」をカバーしているのであって、このことは一九九六年の国際会議でも正式に確認されている。

第三は、「問題はデジタル化よりも、むしろネットワーク化だ」ということだ。既に述べたように、デジタル化だけであればそれほど大きな影響はもたらさなかったであろうが、インターネットによって実現された「すべての人びとがあらゆるコンテンツを世界中に送信できる」という状況が、大問題をもたらしたのである。既に述べたように、「公衆への送信」を行う方法には、「すべての情報が常に受信者の手元まで届いている」という「放送・有線放送」と、「受信者がアクセス(特定コンテンツの送信のリクエスト)をしたコンテンツだけが受信者の手元に送信される」という「自動公衆送信」とがある。ところが、後者は最近になって出現したものであるため、従来の国際条約には、「無断で放送されない権利」はあっても、「無断で自動公衆送信されない権利」は規定されていなかったのだ。

(3) 世界をリードした日本の法律ルール

一九九〇年代の前半に、ネット利用が進んだアメリカで、ネットを通じた無断送信事件が頻発したが、アメリカの著作権法には自動公衆送信に関する権利が規定されていなかったため、国際的に大きな問題となった。「著作権制度はネットに対応していない」というニュースが世界を駆け巡り、日本でも不勉強なジャーナリストなどが、「アメリカがあんなに遅れているのだから、日本はもっと遅れているのだろう」という偏見と先入観によって、「インターネット上の著作権ルールが未整備」などという見出しを新聞・雑誌に乱発していたのである。

ところが、実は日本の著作権法は、インターネットが普及するはるか前の一九八六年から、既に「ネットワーク化への対応」を行っていたのである。当時あったのは「ビデオ・オンデマンド」のようなものだけだったが、当時の文化庁は将来を予測し、「著作権③」のひとつとして「サーバー等から公衆への自動公衆送信を無断でされない権利」というものを、世界で初めて法定していたのである。その後、日本政府は、「この権利を条約に明記して国際ルールにしよう」ということを世界に向かって主張し続けたが、日本の法整備からちょうど一〇年たった一九九六年に至って、新しい権利がようやく条約に明記された。一〇年たって、ようやく世界が日本に追いついたわけだ。

世界で唯一「インターネット対応」を終えている日本

このように、「インターネットへの対応」については、日本は世界をリードしてきたわけだが、一九九六年の新条約では、条約の規定が「日本を追い抜いた」部分があった。それが、既に述べた「送信可能化」に関する権利の創設である。日本の著作権法が一九八六年の法改正で付与していた権利は、「著作者」の「著作権③」としての「サーバー等から公衆への自動公衆送信を無断でされない権利」というものだった。

ところが一九九六年の新条約は、まず「著作権③」について、「サーバー等から公衆への送信」だけでなく、その「前段階」の「サーバー等への入力・蓄積(送信可能化)」も対象として規定した(四一ページの図6を参照のこと)。また、「レコード製作者」「実演者」についてもインターネット対応の権利を付与することとしたが、「著作隣接権」は「著作権②」よりも弱くするという伝統から、この両者については「送信可能化」に関する権利だけを付与することとした。つまり、「著作者」についても「レコード製作者」「実演者」についても、「送信可能化」の部分について「条約が日本を追い抜いた」わけだ。

しかしこれらについても、日本は新条約採択後わずか半年で、先進諸国の先頭を切って著作権法改正を終えている。また、既に述べたように、この条約では対象とされなかった「放送局・有線放送局」にも、日本は送信可能化権を付与しているので、「インターネット対応については日本が本家」という認識が、国際的にも定着している。現在でも「著作物」「放送番組」「有線放送番組」「レコード」「実演」のすべてのコンテンツについて「インターネット対応」を終えているのは、世界中で日本のみなのである。

「送信可能化権」が必要になった理由

ところで、「無断で送信可能化されない権利」(送信可能化権)は、なぜ必要になったのだろうか。日本がネット対応の法整備を行った一九八六年の時点では、まだインターネットは普及しておらず、ビデオ・オンデマンドのように、「ひとつのサーバーに複数の端末が接続されている」という単純なシステムしかなかった。この場合は、自分のコンテンツがある端末に送信されていたとき、送信元はそのサーバーしかないので、送信元や侵害者の特定が容易だった。

ところが現在では、サーバー同士がインターネットで接続されており、一般人にとっては、自分のコンテンツが「いつ、どこからどこへ、どのように送信されたか」ということを立証するのは、ほとんど不可能になっている。つまり、日本が世界で初めて法定した「サーバー等からの自動公衆送信を無断でされない権利」は、実際にはほとんど行使できない権利になってしまったのである。そこで、「無断で送信可能化されない権利」が必要になったわけだ。この権利によって権利者は、「サーバーからの送信」を立証する必要はなくなり、「サーバーに入力・蓄積されている」ということさえ立証すれば裁判を起こせるようになったのである。

アメリカ著作権法の不備を暴いた「ナップスター事件」

ところで、世界の百数十か国が何年もかけて議論した末に、一九九六年に条約に規定された「送信可能化権」を、アメリカは著作権法に盛り込まなかった。新条約が制定された一九九〇年代の後半において、アメリカ政府は「送信可能化とは、業者が管理するサーバー等のメモリーの中に、コンテンツを蓄積(コピー)することなので、『無断でコピーされない権利』だけで十分」という甘い判断をしてしまったのである。これに対して日本やヨーロッパの専門家たちは、「今の自動公衆送信はそうかもしれないが、今後新しいシステムが出てくるかもしれない。コピーに関する権利だけでいいのであれば、何のために何年もかけて議論してきたのか」と警告したが、アメリカ政府はこうしたアドバイスを無視した。そのために起こってしまったのが「ナップスター事件」である。

ナップスターなどのシステムは「ファイル交換ソフト」と呼ばれているが、要するに「各人のパソコンにそれぞれサーバーとしての機能を持たせ、相互にコンテンツを自動公衆送信し合えるようにする」というものである。自分のパソコンを使った場合でも、「個々の受信者からのアクセスがあり次第、自動的にその受信者の手元に送信できる状態に置く」ということをすれば、日本の著作権法のもとでは「送信可能化」をしたことになる。しかし、アメリカの著作権法にはこの権利がない。アメリカ政府が言うように「無断でコピーされない権利」によって対抗しようとしても、「自分のパソコン（のメモリー）の中にコピーしているのだから、『個人的な使用を目的としたコピー』という例外の対象だ」と反論される。

ナップスター訴訟では、原告（権利者側）がなんとか勝訴したが、他のファイル交換ソフトが使われた場合や、全く異なるシステムが出現した場合、モグラ叩き的に訴訟を行って判例を積み重ねていく必要が生じてしまう。日本が世界最先端の法整備を終えていても、アメリカからの送信にはアメリカ著作権法が適用されるため、日本政府はアメリカ政府に対して正式に、送信可能化権を著作権法に明記するよう要求したのだ（一五ページを参照のこと）。

（4）「侵害を発見できない時代」の新制度

既に述べたように、著作権は「規制」ではなく「個人の権利（私権）」であるため、著作権が侵害された場合は、「侵害された本人」が行動を起こさないと何も起きない。

著作権が侵害された場合、権利者は、「刑事」の手続きとして「告訴」を行ったり(三年以下の懲役、または三〇〇万円以下(個人)・一億円以下(企業)の罰金)、「民事」の手続きとして「差止め請求」や「損害賠償請求」を行うことができる。それぞれ、著作権の特性に応じた特別の法制が用意されているが、いずれにせよこれまでの制度は、「権利者自身が侵害を発見できる」ということが前提とされている。なぜかと言うと、著作物の利用形態について従来は、「コピー・配布」が主だったからである。海賊版を販売するとそれを「人目にさらす」ことになり、権利者が侵害行為を発見することが可能になるからだ。しかし今日では、必ずしもそうはいかない。まず、「コピー」といっても本などの「単品」が出回るとは限らず、CDやDVDの中に「部品」として取り込まれることが多くなった。さらに、違法利用が「ネット送信」になったら、発見はまず不可能だ。

世界で唯一「プロテクション技術対応」を終えている日本

こうした状況で権利者が身を守るためには、侵害が起こってから「事後」に発見・立証するのではなく、「事前」に侵害行為を阻止・抑止するしかない。そうした目的のために使われているのが、「コピー・プロテクション」や「電子透かし」などの技術であるが、それらが普及すると、それを「はずす」という人が出てくる。そこで、そうしたものの回避や改ざん等を（各国の国内法で）防止すべきことが、一九九六年の新条約に規定された。日本は既にこうした法整備を終えており、「著作物」「放送番組」「有線放送番組」「レコード」「実演」というすべてのコンテンツについて法整備を終えているのは、世界中で日本のみとなっている。

「インターネットでコンテンツを流すと、どこでどう使われるか分からない。著作権法が技術に追いついていない」などということを言う人がいるが、これは、「カギをかけずに外出したら泥棒に入られた。刑法が遅れている」と言うのと同じだ。泥棒に入られるのは刑法のせいではなく、カギをかけずに外出したためである。刑法に書けることは「泥棒はいけない（した人は罰せられる）」というだけであって、個々人が被害を受けないようにするには、自ら努力するしかない。同様に著作権法も、「無断でコピーしてはいけない（した人は罰せられる）」ということしか規定できず、個々人が被害を受けないようにするには、自らプロテクション技術を使って身を守るしかないのだ。

「泥棒はいけない」という法律ルールがあっても、公園に自転車を放置しておいたらおそらく盗まれてしまうだろう。これを防ぐには、まず自転車に「カギ」をかける必要があり、これが「コピー・プロテクション」に相当する。また、「隠しネーム」を入れておくことも、自分の所有権を主張・立証する上で効果があるが、これが「電子透かし」に相当する。そうした努力が必要であり、著作権の場合は、「カギをはずすこと」や「隠しネームを消すこと」に相当する行為について、少なくとも日本では禁止等が法定されているのである。

最近話題になることが多いいわゆる「中古市場問題」についても、一九九六年の新条約では、「個人使用目的のコピーの禁止」などという実効性のない方策ではなく、「権利者自身がコピー・プロテクションをかけることによる自助努力」(それをはずす行為を各国が国内法で禁止すること)によって対応することが前提とされている。日本では、ＤＶＤの業界はかなり強いプロテクションをかけているが、レコード業界は極めて脆弱なプロテクションしかＣＤにかけていない。こうした自助努力の不足が「違法コピーの蔓延」や「中古市場の拡大」を生んでいるわけであり、各業界の自分勝手な主張に惑わされずに、実態をよく見る必要がある。

2　民主的ルール作りに向けて

「デジタル化・ネットワーク化」への対応については、前の項で述べたように、既に国際的な方向性が定まっており、著作権の「法律ルール」に関する課題は、既に「ポスト・インターネット」とも呼ぶべき「次の段階」に移っている。

そうした「次の段階の課題」としては、国際的なものと国内的なものの双方があり、前者については「放送局」や「実演者」の権利の拡大など、新しい条約の検討が行われているが、すべての人びとがまず考えなければならないのは、むしろ国内的な課題の方である。条約の範囲内で「誰にどのような著作権を付与する(しない)べきか？」ということは、各国の国民の判断に任されており、著作権の「法律ルール」は、今や多くの国で、「税制」と並ぶ国民的な課題になっているのである。また、かつて「日本の著作権保護がヨーロッパよりも遅れていた」という時代には、先行するヨーロッパ諸国がお手本であり、「方向性」について国民的議論をする余地が少なかった。しかし現在では、世界中で日本だけがすべてのコンテンツについて「インターネット対応」「プロテクション技術対応」を終えているなど、日本の著作権保護は世界最高水準になっており、日本は「お手本なき世界」に突入しているのである。

このように、第一に「一部業界の一部のプロ」だけでなく「すべての人びと」が著作権に関わるようになったこと、また第二に、「ルール作りの方向性」について日本が既に「お手本なき世界」に入ったこと――により、著作権に関する次の時代の「法律ルール」について、日本人自身が考え、憲法ルールにしたがった国民全体の合意形成を目指していかなければならない時代を迎えているのであるが、「権利者・利用者の宿命的な対立構造」の中で建設的な合意形成・ルール作りを行っていくことについては、不慣れな人も少なくないようだ。

そこでまず、著作権にかかわる法律ルールを考えるときに基本としておさえておかなければならないポイントを整理するとともに、さらに、多様で民主的な社会に住む人びとに必要な「ルール感覚」というものについて述べてみよう。

(1)「全員が不満」が「普通の状態」

様々な法律について、「この法律は改正すべきだ」「いや、今のままでいい」といった議論が行われているが、ほとんどの法律についてはこのように、「良い」という意見と「良くない」という意見の対立が見られる。ところが著作権法の場合は、関係者全員が「良くない」と言うのが「普通の状態」——と言っても過言ではないのである。なぜそうなるのかと言うと、人びとの「欲求」(もっとはっきり言えば「欲望」)に限りがないからだ。利用者側は、著作権法を廃止して「何でもコピー自由」とするまで完全には満足しない。逆に権利者側は、権利が強まって印税が二倍になれば四倍、四倍になれば八倍ほしいと思いがちだ。つまり、「欲求と欲求のぶつかり合い」が常に存在しているのである。

また、この「欲求」は、単に「金がほしい」ということだけではない。「社会全体や他人のために尽くしたい」という善意のものも当然含まれている（いわゆるボランティア精神も、「欲求」のひとつだ）。特に、コンテンツの創作・利用については、権利者側も利用者側も、それぞれ大なり小なり社会全体の文化・産業・教育などに貢献している。このため権利者・利用者の双方が、「自分はこんなに社会に貢献しているのだから、著作権についてもっと優遇されてしかるべきだ」と常に思っている。その「優遇」が、権利者側にとっては「コピーされないこと」であり、利用者側にとっては「コピーできること」なのである。

日本国憲法のもとでは、すべての人びとに「思想・信条・良心の自由」や「幸福追求権」が保障されているので、自分の思想や利害に基づいて自らの欲求を追求することは、悪ではない。問題は、そうした欲求が人びとの間で相互に対立するということだが、そのために「法律ルール」を作る必要があるのである。そのような「法律ルール」の作り方も憲法という基本ルールに定められており、憲法前文に明記されているように「正当に選挙された国会における代表者を通じて行動」する日本国民自身が、最終的には国会での多数決によって法律を作るのだ。

このように、多様性と対立が存在する民主的な社会の中で、建設的な話し合いによって「法律ルール」を作り、それを守っていくことが「ルール感覚」であるが、著作権に関する議論に関わる日本人の中には、それが不足している人が少なくないという指摘もある。ルールを作るときに「違う思想や利害を持つ人」を敵視して建設的な話し合いをしないとか、自分に有利なルール作りを「全体の奉仕者」であるべき役人にやらせようとするとか、既存のルールに違反しても「ルールの方が悪い」などと言う――といったことがそれを示している。

「自分にとって不満」を「不公正」と呼ぶ不思議

このように、著作権に関する「法律ルール」は、「常に全員が不満」という宿命的対立構造を背負っているが、「自分にとって不満」という状況(単に、自分にとって有利な法律ルールが、自分自身の力不足のために多数の支持を得られておらず、憲法のもとで採用されていないという状況)のことを、「不公正だ」などと言う人が多い。こうしたことが、「多様性の中における民主的なルールづくり」に大きな問題をもたらしている。「ルールを超えた公正さ」というおかしなものを振りかざす人びとの「公正」とは、実は「自分の思想・利害」にすぎない。ところが、異質な人びとと建設的な話し合いをしていくことができない人は、思想や利害を異にする人と出会うと、まず「なぜ私のすばらしい考えに賛同できないのだろう?」と「驚き」、どうしていいか分からず「戸惑い」、最後にはこれが「怒り」になっていくようだ。相手を「悪」と呼ぶかわりに自分を安易に「弱者」と呼ぶ人も同様だが、著作権の「法律ルール」に関する議論においては、対立する当事者の双方が「自分たちは『弱者』であって、『不当』で『不公正』なルールを押し付けられている」などとお互いに言い合うことが多い。

また、「我々が言っていることは、『業界エゴ』ではない。日本の(産業の)将来のためだ」などと言う人もよくいる。実は、「業界エゴではない」と言う人ほどエゴイストなのだが、ここで言うエゴイストとは、「我々の主張は、我々の利益のためのものではなく、みんなにとっていいことなのだ」という「自分の意見の絶対化」や、日本の(産業の)将来の在り方についての「独善的な判断」をしている人である。そんなことは国民の意思にしたがって決められるべきことであり、「ウチの業界が伸びることが日本のためだ」などと言うのは、民主主義を否定した独善だろう。まず、「相手もエゴだが、自分もエゴ」「どっちもどっち」――という相対化が必要であり、それが「ルール感覚」の基本なのである。

「ルール」に対する「醒めた目」が必要

そうした「相対化」により、憲法に定められた民主的な手続きにしたがって「法律ルール」

を作っていくには、まず、「これは人工的に作る『ルール』にすぎず、哲学的な善悪やモラルとは関係ない」という基本的な認識と「醒めた目」を持つべきである。そのようなルール作りに、相対的なものである「善悪」や「モラル」などというものを持ち込んでも、対立が深まるだけだ。著作権は、国際人権規約にも定められた「人権」という側面を持っているが、人権というもの自体が、実は人間が人工的に作ってきたルールである。「人権は神から与えられたもの」という考え方もあるが、キリスト教とイスラム教では神様の意思も違うようであり、少なくとも日本では、「憲法に書く」という「人間によるルール作り」によって、人権の内容が特定されているのだ。

「著作権を保護する」ということ自体も、それ自身が「目的」であるはずはなく、「人びとが幸福になる」ための「手段」にすぎないのであって、「著作権保護自体に価値がある」などということはあり得ない。著作権に関する「法律ルール」というものは、「アメリカでは、車は右側」ということと同じ(善悪とは関係ない)社会のルールであり、別の例を出せば「ボール四つで一塁」というのと同じなのである。ピッチャーの側は「できれば、フォアボールという制度は廃止してほしい」と思っているが、逆にバッターの側は、「空振り三回でアウトなのだから、ボール三つで一塁というのが『公正』だ」などと理屈をこねるかもしれない。著作権に関する利害対立も本質はこれと同じであり、そうした「どっちもどっち」という状況においては、「ルール感覚」を持った建設的な話し合いと、「多数決」によるルール作りが必要なのである。

(2)「過渡期」における「関係者間協議」

「すべての人びと」が著作権に関わるようになるということは、世界の多くの国々で起こっているが、既に述べた「宿命的な対立構造」を背景として、多くの国において著作権は、「税制」と並ぶ政治課題になっている。社会の中で対立する利害を調整するのは、本来は「行政」ではなく「政治」の役割であり、関係者が拡大して利害対立が広がるにつれ、「政治の出番」が訪れつつあるのである。

アメリカでは多くの国会議員が、例えば「ハリウッド派」(映画会社の利益を擁護したい)と「シリコンバレー派」(ネット上でのコンテンツ利用を促進したい)に分かれ、国会での細部にわたる論戦と多数決で、著作権の「法律ルール」を具体的に決めている(その国会議員は、当然のことながら国民の意向で選ばれている)。これが、日本国憲法のもとでも想定されている法律の作り方だが、従来の日本ではそうした利害調整を役人に任せてしまう(関係者間の調整を終えた法案を内閣が国会に提出し、国会での修正はあまり行われない)ことが多かった。ところが今日では、少なくとも著作権の世界では、関係者の爆発的な拡大によって、役人による調整は不可能になりつつある。日本でも、すべてのテーマについてすべての国会議員が「自分はこちらの利益を擁護する」という「立場」を鮮明にし、国会での実質的な論戦と多数決によって、「法律ルール」の具体的な内容が決められるようになっていくべきであろう。

しかし実際には、様々な要因により、日本でそのような時代が来るのはまだ先のことであると思われるため、文化庁は、著作権の「法律ルール」作りについて、「政治」が完全に機能するようになるまでの「過渡期」のシステムを構築している。

「関係者間協議」と「情報公開」による合意形成の促進

具体的には、各関係団体や各省庁からそれぞれ法改正に関する「希望」を出してもらい、それに「反対」する団体等との間で、それぞれ合意形成に向けた「協議」を進めてもらっている。現在、三〇以上のテーマについてそうした「関係者間協議」が進められているが、合意形成が達成されたものから順に、審議会・国会での検討・審議を経て、毎年次々に法改正が行われている。さらに、すべてのテーマについて、常に協議の「進捗状況」が情報公開されている。

こうしたことにより、従来は密室とも言われていたプロセスの透明性が高まってきているが、その透明性は、国民一般だけでなく、協議を進めている各関係団体の「会員」に対しても確保されている。各団体の会員は、自分たちが属する団体の「執行部」が今何をしており、どこまで協議・合意形成が進んでおり、他の団体執行部と比較してどうなのかといったことを、常に知り得るようになった。「執行部」の側も、会員に対して「マニフェスト」を示さざるを得なくなっているのである。

こうした建設的なルール作りを進めていくためには、まず各セクター内での「意思統一」が必要である。一般的に言って、「教育セクター」や「福祉セクター」は「権利の切り下げ」を求めることが多く、「芸術セクター」などは「権利強化」を求めることが多い。問題は、肝心の「産業セクター」だ。日本の産業界は、かつては外国のものを多く導入していたためか、「権利を弱くしてくれ」という意向が強かった。ところが最近では、いわゆる「コンテンツ業界」が強くなってきたため、産業界の内部は混乱している。

「産業セクター」の統一意思は？

二一世紀に入って最初の「政府ＩＴ戦略本部」の会議で、ソニーの出井《いでい》会長が「著作権保護を強めるべきだ」という歴史的・画期的な発言をされた。しかしその後、ソニーの関係者から文化庁に対して、「あれはソニーの会長としての発言ではありません。ソニー・ミュージックエンタテインメントの会長としての発言です」とか、「ソニーに対して、一般的に著作権を強めたいか弱めたいか、という確認の質問はしないでください。答えられないから」などという申し入れがあったのである。ソニー全体を見ると、売上の約四割が「コンテンツ」で、約六割が「ハード」なのだ。つまり、「権利者・利用者の宿命的対立構造」が社内に存在しており、統一方針がなかったらしい。まして日本の産業界には、著作権についての「産業界全体としての方針」が存在しないのだ。

過渡期におけるこうした混乱の中で、双方の業界が「日本の産業戦略や産業界の意向が、著作権法に反映されていない」などと主張しているため、文化庁は「統一的な産業戦略や産業界の意向などというものがあるのなら持っていらっしゃい」と言ってきたが、そのようなものはまだ示されていない。「産業戦略が著作権法に反映されていない」のではなく、「産業戦略（どの産業分野を優遇するかということ）がない」のである。

これに対してアメリカは、著作権保護の水準は先進諸国中で最低だが、明確な「産業戦略」を踏まえた著作権法を持っている。この戦略は簡単に言うと、「アメリカがたくさん作っているものは外国でコピーできず、外国がたくさん作っているものはアメリカでコピーできるようにする」という、極めて分かりやすいものだ。前者に属するのが、マイクロソフトのコンピュータ・プログラム、ハリウッドの映画、レコードなどである。日本でも、明確な産業戦略が早急に確立されることが望まれる。

「国民にとって何がいいか」を決めるのは「国民」

ただし、こうした合意形成努力の結果として得られるのは、「関係する業界・団体の間の合意」であって、それが「国民のためになるのか？」ということは全く別の問題だ。現在は、審議会がそれをチェックする役割を担っているが、審議会委員は選挙で選ばれているわけではない。これは本来は「政治」の仕事であり、政治の場(与党や国会での論戦と多数決)で「法律ルール」が実質的に作られていく時代が早く訪れるよう期待される。

「政治」が著作権に関心を持つためには、選挙民である「国民」が、まずそれに関心を持つことが必要であるが、「すべての人びと」が著作権と関わるようになった今日、「消費者」や「国民」などと呼ばれる多くの人びとも自ら考え行動しないと、利益が損なわれるおそれがある。著作権の世界には「宿命的な対立構造」があるが、「消費者」対「特定業界」という構造も当然あるわけであり、その場合に「消費者の利益」を実現できるのは、消費者自身なのである。「各セクターごとの意思統一を」ということを述べたが、「消費者」というのもひとつのセクターであり、日本の「消費者」も、団結して声を上げるべきなのである。

「国民と政治家が決める」とは言っても、国民と政治家が直接接触するのは数年に一回の選挙のときなどに限られるため、実際には、(特に「行政改革」「政治主導」等の動きによって「行政主導・官僚依存」からの脱却が進められている今日)、人びとの意思を政治プロセスに伝えていく市民団体などの役割が重要になる。従来は著作権にあまり関心を持っていなかった「消費者団体」などの積極的な取り組みに期待したい。

また、「権利の強化」や「権利制限の拡大・縮小」などをそれぞれの立場(利害)から主張する各業界は、既に述べたように、「我々は、今後の日本を支える業界になるのだから……」などということを勝手に言っているが、「何を日本の基幹産業とするのか」「どの業界を法律で保護・優遇するのか」「どんなコンテンツについて、消費者は日本の将来のために『自由に使いづらい』という状況を我慢すべきなのか」などといったことも、国民の意思にしたがって決められるべきことである。「短期的には消費者にとって不利益となるが、長期的には国全体の経済が活性化されて、国民・消費者の利益になる」ということも当然あり得るが、これからの国民・消費者は、消費税や年金などの問題と同様に、著作権についても自分の考えを持ち行動する必要があるのだ。

(3) 建設的な論議を阻害する主張

こうした努力などによって、「宿命的な対立構造」を常にかかえる著作権の世界でも、徐々に「それぞれの主張の相対化」や「建設的な合意形成努力」が広がりつつあるが、そうした努力に水をさすような意見も、一部の人びとによって主張されており、無用の混乱を招いている。

非現実的な「条約違反」の主張

第一は、WTO(世界貿易機関)などが定めた「国際ルール」をよく勉強せずに、これに違反するような法改正を安易に主張するもので、主に「利用者側」が言っているものだ。その典型が、「著作権というもの全体を、許諾権から報酬請求権に変えるべきだ」という主張であり、このほかにも、「著作権は名誉だけでいい。財産権は廃止せよ」とか、「著作者名などのデータが付されたものだけを保護対象とせよ」とか、「いったん放送番組に取り込まれた『部品』については、権利を消滅させよ」とか、「映画を二次的著作物とするのはおかしい。原作者の権利は否定せよ」などといった主張もある。

これらはすべて、「WTO協定」「ベルヌ条約」「ローマ条約」などの国際条約に違反するものであり、そうした法律ルールの採用には「WTO脱退」などが必要になる。多くの人はそれを知らずにこうした主張をしているが、国際ルール違反だということを承知の上なのであれば、堂々と「WTO脱退」を主張すべきであり、「WTO脱退に反対」と言う人びとを自分で説得すべきだろう。この国は「国際連盟」も脱退した「実績」があり、国民の多くが賛成すれば「WTO脱退」も可能なのである。中には、「条約に違反するのは分かっているが、日本はWTO協定そのものを変えるくらいの『気概』を持つべきだ」などと主張する勇ましい人もいるが、そう主張するなら、「WTO協定改正」に向けた現実的な道筋を提案すべきだろう(著作権の部分については、約一五〇か国のうちひとつでも反対したら改正できない)。そうでなければ、建設的な議論をいたずらに混乱させるだけなのである。

具体案を欠いた「全面改正」の主張

第二は、「権利者側」にも「利用者側」にもあるものだが、「全く新しい時代を迎えたのだから、著作権法も抜本的見直しや全面改正が必要だ」などという主張だ。前記の第一の主張は、主として「国際法律ルールに関する勉強不足」がもたらしたものだが、この第二の主張は、主として「現行の国内法律ルールに関する勉強不足」がもたらしているようだ。このような主張をしている人と具体的な議論をしてみればすぐに分かることだが、そもそも現在の法律ルールを知らない人がほとんどなのである。

当然のことながら、「今の法律が完璧」などということはなく、だからこそ多くの人びとが、不断の改善努力や合意形成努力を行っている。多くの人びととの合意が得られるのであれば、全面改正も結構だろう。したがって、こうした安易な主張について何が問題かと言えば、それは「具体的な改正案を示していないこと」である。宿命的な対立構造の中で粘り強く合意形成努力を続けている人びとに対して、具体案もなく「全面改正」などと言うことは、建設的な議論を阻害するだけである。

こうした主張をする人は、どの条文をどう直すのか、また、全面改正というのであれば、その後どのような法律にするのか――といったことが分かるよう、具体的な条文案を示すべきだが、これまで誰一人としてそのような案を示した人はいないのである。

「文化庁が我々に有利にすべき」という主張

第三は、「相手が『悪』でこちらが『善』なのだから、著作権制度を担当する文化庁がこちらの味方をして、こちらの主張にそった法改正をしてくれ」という主張であり、これも「権利者側」「利用者側」の双方に見られる。例えば「環境問題」や「社会福祉」などについて、政府が「国民のため」に行動するのは当然である。これらの分野に関しては、多くの国民について利害がかなり一致するため、「何が国民のためか」ということの特定が比較的容易だ。しかし著作権の場合は、既に繰り返し述べてきたように「宿命的な対立構造」があるため、「ある人びとのためになる」ような法改正を行うと「それ以外のある人びとのためにならない」ということが常に起こる。そのような状況で「どちらにとって有利にするか」「何が国民全体のためか」ということを、文化庁の役人などに決めさせてはならない。それは国民の意思によって決めるべきことであり、憲法ルールの基本を言えば、「国会での多数決」で決めるのだ。

日本では、著作権法の改正案はほとんどすべて文化庁が作成しているが、著作権に関わる人びとや業界が広がり、宿命的な対立構造が広がる中で、文化庁は「関係者間協議」等による合意形成を促進している。そうした協議の主体には、特定の業界・事業者・機関などを所管する関係省庁も加わってはいるが、「全体の奉仕者」として著作権制度の全体を所管する文化庁が、独善的に方向性を決定してしまうようなことはない。したがって、「自らの利益」を実現したい人びとは、自ら合意形成努力を行い、多数の支持を得ていくしかないのである。

3　多くの人びとに関心を持ってほしいテーマ

こうした問題をはらみつつも、より建設的な法律ルール作りに向けた努力は、着々と進められている。しかしその多くは、対立する「業界間」で建設的な協議・合意形成が行われつつある――というだけで、「国民のため」になるかどうかは、国民自身が判断しなければならない。繰り返し述べてきたように、著作権は既に「すべての人びと」の問題になっているのだ。ここでは、「関係者間協議」が進められつつあるテーマの中で、多くの人びとに広く関心を持っていただき、それぞれ声を上げていただきたいものをいくつか例示して、問題提起をしてみたい。

(1)「輸入権」の新設――消費者の利益をどこまで犠牲にすべきか?

どんな商品でも、国によって値段の違いがあるが、各国の状況によって物価水準には大きな差がある。だからこそ「貿易」というものが成り立つわけだが、ある国で何かを生産・販売している「生産者」にとっては、「他国から安いものが入ってくる」ということは迷惑だ。一方で、その国の「消費者」や他国の「生産者」にとっては、「自由な流通」が利益になる。このため、前者は「保護貿易」を主張し、後者は「自由貿易」を主張することになるが、この対立は、農産物や自動車などの例を出すまでもなく、あらゆる国のあらゆる製品について存在している。実はアメリカの南北戦争も、リンカーンの「奴隷解放宣言」は戦争中北軍が劣勢になった時点で出された——ということからも分かるように、奴隷解放ではなく、むしろこの対立(工業製品のために保護貿易にしたい北部と、綿花のために自由貿易にしたい南部の対立)を、根本原因としていたのである。

「保護貿易」を主張する「国内生産者業界」は、消費者の利益(国際的に開かれたマーケットの中で最も安いものを選べること)を犠牲にしても、自らの利益を追求しようとするが、そのための手法の代表は「関税」だった。ところが最近では、その他の様々な方式が出現してきた。例えばDVD業界は、世界をいくつかの地域に分け、それぞれについて録画・再生の方式を変えている。このため、中国で買ったDVDは、日本で売っているプレーヤーでは見ることができない。技術を活用した市場の分断支配——ということをしているわけだ。

さらに、同じことを「著作権」でしようとしている業界もあるが、その代表がレコード業界だ。「権利者に無断で、レコードを輸入・輸出してはいけない」(いわゆる「輸入権」＝「無断で輸入されない権利」)とか、「権利者に無断で外国から輸入されたレコードを売ってはいけない」（いわゆる「国内消尽譲渡権」＝合法的に譲渡された後でも、それが国外での譲渡である場合は消滅しない譲渡権）などといった権利を、「著作権」の中に加えようというのだ。

例えば、同じ曲が入った同じＣＤでも、日本では三〇〇〇円であるが、別の国では（権利者の了解を得て作った正規品のＣＤが）日本円で五〇〇円相当だ、ということがある。こうしたことはあらゆる物について起こっているので、通常は「生産拠点を海外に移して逆輸入を行う」などという対応がなされるが、著作権に頼りたい業界は、そうした努力は最初から念頭にない。また、このような場合、物によっては、海外生産者に了解を与えるときに、「その国の中だけで販売する」という契約がなされている場合もあるが、ＣＤのような小さな物の場合は、「生産者が市販せずに、全部まるごと自国の商社に売って、その商社が輸出する」ということができる。この商社は前記の契約に拘束されないので、逆輸入を止めることはできない。

「消費者の不利益」を招く「輸入権」

「国によって物価が違う」という現実を考えると、国内生産業者にとっては、こうした輸出入を止められる権利があった方が有利だが、この権利は、条約交渉で何回も提案されていながら、毎回否決されている。「絶対反対！」という国が多いのだ。

反対派の国には二種類あり、その第一は「途上国」である。安い労働力を生かして、ちゃんとライセンスを得た(海賊版でない)製品を作っても、外国に輸出できなくなるからだ。彼らは「それぞれの国が安く作れるもの(比較優位にあるもの)が、開かれた国際市場で勝利するというのが『自由貿易』であって、輸入権という発想自体が『非関税障壁』を作ろうとする途上国いじめだ」と主張する。確かに、最近アメリカなどを中心として、口では「自由貿易」を唱えながら、著作権を含むあらゆる制度を動員して実際は「非関税障壁」を作ろうとしている、という傾向は見られる。輸入権についても、「自由貿易主義」に反する――という途上国の主張はうなずけるのだ。

反対派の第二は、「比較的産業規模の小さい先進諸国」だ。具体的には、スウェーデンなどの北欧諸国、カナダ、オーストラリア、ニュージーランドなどである。実は、日本の経済産業省も、このグループと同じ意見をとり続けてきた。

例えばフィンランドという国には、レコード産業がない。音楽CDはすべてアメリカなどから輸入しており、市場を支配されている。したがって、アメリカのレコード会社はハッピーなはずなのだが、もっとハッピーになりたいらしい。もし「輸入権」が与えられたら、アメリカのレコード会社は、まず、フィンランドへのアメリカ製CDの輸入を全部ストップする。次に、フィンランド国内に「子会社」を作り、そこだけに輸入を許可する。こうなると、いわゆる併行輸入は違法になるので、フィンランド国民は、現在三〇〇〇円であるＣＤが五〇〇〇円になっても一万円になっても、それを買わざるを得ない。このため彼らは、「国際的に開かれたマーケットの中で、各国の消費者がそれぞれ一番安いものを買える――というのが『自由貿易』であって、輸入権という発想自体が、消費者の利益を犠牲にして特定業界を優遇するものだ」と主張している。これも、もっともな意見である。輸入権の創設は、音楽ＣＤの消費者には、明らかに不利益をもたらす。つまり、自分の不利益を我慢してでも、各国の国民がその産業のためにこれを支持するか、という問題なのである。

既にお気づきのように、反対派は、途上国も先進国も、「自由貿易主義に反する」ということを反対の理由にしている。両者の違いは、途上国が「(安く作れる)生産国にとって不利になるから反対」であるのに対して、先進国は「(安いものが買えなくなる)消費者にとって不利になるから反対」であるということだ。(ＥＵは、賛成派・反対派の妥協策として、「国ごとの輸入権」は設けないが、「ＥＵ域内」への持ち込みに権利を及ぼす――という制度にした。これなら、ギリシャやポルトガルなどから安い製品が入ってくるからだ。)

さらに、実際こんな事件もあった。既に国内法で「輸入権」(無断で自国に持ち込ませない権利)を法定しているX国(先進国)の企業が、Y国(途上国)のメーカーと契約して、「シャンプー」を生産させた。当然「Y国だけで販売する。X国に持ち込んではならない」という契約をしたが、一四一ページで述べた外国製CDの場合と同じように、他社に転売されてX国に持ち込まれる危険性がある。ところが、著作物ではない「シャンプー」には著作権がないので、国内法で「輸入権」が規定されていてもシャンプーの輸入を阻止することはできない。そこでこのX国の企業は、いいことを思いついた。

まず、ある画家に絵を描かせ、その絵の「著作権③」を買い取って著作権者となる。次に、Y国の企業とライセンス契約をするときに「シャンプーのボトルには、この絵が印刷されたラベルを貼らなければならない」という契約をした。こうしておけば、シャンプーには著作権がないが、ラベルには著作権があり、その著作権は自社が持っているので、「ラベルをX国内に持ち込むな」(したがって、結局シャンプーも持ち込めなくなる)と主張できる。つまり、「著作権が及ぶ『絵』などをつけておきさえすれば、著作権と関係ないものについても、貿易をコントロールできる」という発想だ。極端に言うと、自動車の輸出入も「輸入権」でコントロールできるかもしれない。

他の商品とどこが違うのか？

日本で「輸入権」の導入を主張してきたのは「レコード業界」だが、他の業界からは、「そもそも、『再販制度』などという、マーケット・メカニズムを無視した価格コントロール制度によって甘やかされている業界のワガママだ」「衣料品から自動車に至るまで、国産品の競争力が低下した場合には、生産拠点の海外展開など、各業界が血のにじむような努力をしてきた」「コンテンツ業界だけが、海賊版でもないものについて『法律で輸入を止めてくれ』などと主張するのはおかしい」「各業界が不況の中でも『消費者』を中心に戦略を考えているのに、『消費者に高いものを買わせる』という法律を作れというのは理解に苦しむ」などといった強い批判も出されている。

国民が「自分たちが高いものを買わざるを得ない状況になっても、あの業界を優遇して日本経済を活性化しよう」と考えるのであれば、当然そのような制度も可能だ。現に農産物については、多くの国が多かれ少なかれ、そのような制度を持っている。問題は、関係業界の人びとが、「自分たちは今後、日本の産業の中心になっていくのだから、当然に優遇されるべきだ」などという傲慢な考えを持っていることであろう。「消費者に犠牲を強いる法制」を導入するには、当然のことながら、消費者の支持が必要なのである。

（2）「公貸権」の拡大――「公益実現」の「コスト」は誰が負担すべきか？

著作権の「法律ルール」について、最近新聞紙上などを賑わしている話題のひとつに、「公共貸与権(公貸権)」の拡大というテーマがある。本の著者たちが主張している「公貸権」とは、彼らにとっては「無料貸本屋」であって本の売上減少を招く「公共図書館」から、本の売上減少に見合う「補償金」を取れる権利、というものだ。

既に述べたように、「無断で公衆に『貸与』されない権利(貸与権)」については、「非営利・無料」の場合には権利が及ばないという「権利制限」があり、これによって公共図書館などは、例外として、本などの図書館資料を権利者に無断で貸し出せる。ところがこの権利制限について、本の著者などは次のように主張している。「図書館が地域住民に本を貸し出すことに『公益性』があるのは分かる。したがって、無断で貸し出すことは認めよう。しかし、公益実現のための『コスト』は、普通は税金で負担するのではないのか。図書館が本を貸し出すと本の売れ行きが落ちて著者が損害を蒙るが、これは、公益を実現するためのコストを著者個人に押し付けているもので、売上減少分について、図書館が補償金を支払うべきだ。土地収用法でさえ、補償金の規定がある」。

確かに、保育園から自衛隊に至るまで、「公益」を実現するためのコストは通常「税金」で賄われているので、この主張はスジが通っている。ここで言う「(貸与を事前にストップすることはできないが、事後的に)補償金をもらえる権利」のことを、「公貸権(公共貸与権)」と言う。したがってこれは、「許諾権」ではなく「報酬請求権」だ。

既に存在する「ビデオ・ＤＶＤ」などの「公貸権」

実は、「非営利・無料の公衆向け貸与について、補償金を受け取る権利(公貸権)」というものは、日本の著作権法には(そうした名称は使われていないが、実質的には)既に存在している。しかしその対象は、「ビデオ」「フィルム」「ＤＶＤ」などの「固定された動画コンテンツ」に限られている。これは、ビデオなどの場合は、貸出し後に「上映」されることがあるために、権利者の損害がより大きくなるからだ。

この制度のために図書館は、ビデオ等を貸し出すたびに権利者に補償金を支払わなければならないが、それでは面倒なので、(契約実務上のやりかたとして)関係者間の合意により、「貸出し用ビデオについては、図書館がそれを購入するときに、通常より高い(二倍から一〇倍程度の)『ライブラリー価格』で購入するかわりに、補償金はその時点で『一括支払い済み』とする」という契約システムが作られている。この制度を「書籍」に拡大する法改正はむしろ簡単であり、政府の審議会も、法改正の方向性を支持している。しかし実は、著者の側が、「ちょっと待ってくれ」と言っているのだ。もし、ビデオ等の公貸権を「書籍」に拡大したとすると、おそらく実務上は、ビデオ等と同様の「ライブラリー価格方式」が採用されるだろう。それによって起こることは、要するに「書籍の価格の上昇」だ。したがって、図書館の図書購入予算が増えない限り、購入される書籍が減り、結局は著者が損をする。

イギリスの「税金肩代わり」方式

そこで著者たちは、別のことを考えているようだ。実はイギリスでは、この補償金を「税金で肩代わりする」という制度が設けられている。「図書館」を所管する行政当局が税金で「基金」を作り、その基金から補償金を支払っているのだ。著作権の世界では「利用料をよこせ」という権利者側と「払いたくない」という利用者側の間に、宿命的な対立構造が常にあるが、イギリスの制度は「それを政府が税金で肩代わりしてくれれば、両方ともハッピーだ」というものだ。

日本でも著者の団体と図書館の団体は、図書館を所管する文部科学省生涯学習政策局を巻き込んで、同じような制度の実現を目指したいようだが、「著作物の利用料を税金で肩代わりする」という制度が実現したら、様々な分野に大きな影響があるだろう。図書館による本の貸出しだけでなく、映画も放送もCDも、大なり小なり「公益」に貢献しており、「だから著作権料を税金で負担しろ」という声が沸きあがる可能性がある。もちろん、国民が認めればどこに税金を使ってもいいわけだが、イギリス型の「税金肩代わり」システムを実現するには、図書館から本を借りない人についても、その税金の一部が補償金に使われることについて理解してもらわなければならない。「まだ図書館が設置されていない地域に住む人びとの税金を、東京や大阪の人びとが図書館から本を借りるための補償金に使っていいのか？」という指摘も、既に国会で行われているのである。

（3）「中古品コントロール」――「リサイクルショップ」は悪なのか？

二種類ある「中古品問題」

著作権について最近関心を集めている話題のひとつに、「中古品販売」というものがある。様々な商品の「リサイクル」は、地球環境にも、資源の有効活用にも、消費者の利益にも「いいこと」であるはずであり、リサイクルショップで売られている様々な生活必需品だけでなく、音楽CDや本などについても「中古品店」があることは、一般の消費者にとっては大変ありがたいことだ。しかし、出版やレコードなどの「関係業界の利益」という観点から見ると、音楽CDや本などについて大規模な中古品販売店などができると、新品が売れなくなって損害を蒙ることも起こる。

このために、「著作権法に、自分が買った本やCDでも、権利者に無断で『転売』してはならない、と書いてくれ」などという主張が行われている。現実的な法改正の形としては、「二度目以降の譲渡には及ばない（最初の一回の譲渡だけに及ぶ）」とされている「無断で譲渡されない権利（譲渡権）」を、「二回目以降の譲渡にも及ぶようにすること」が考えられる。もしそうした方向での法改正が実際に行われたら、「買った本やCDを、友達の誕生日のプレゼントにする」ということもできなくなるかもしれないが、ここで注意すべきことは、「音楽CD」と「本」では問題の本質が全く違うということだ。

「本」と「中古車」は同じこと

本の場合、なぜ中古市場が形成されるか——なぜ人びとは自分の本を売ってしまうのか——というと、それは、「その本を手元に置いておきたいというインセンティブがなくなる」からである。例えば「推理小説」は、犯人が分かってしまえば二回読む人は少ないので、中古書店に売られてしまうことが多い(同じ本でも、「聖書」を売る人は少ないだろう)。これは、リサイクルショップで売られているあらゆる物や中古車などにも共通することであって、「著作物に限って中古品販売を規制せよ、などと言うのはスジ違い(著作権問題ではない)」というのが、国際的な常識だ。現に、中古品の販売をコントロールできるような権利を著作権法に書いている国は、ほとんどない(日本の著作権法で、「映画」だけを対象として規定されている「頒布」(=貸与+譲渡)に関する権利は、最初の譲渡の後にも消滅しないので、中古品販売のコントロールにも使えるが、最高裁判決によれば、これは「劇場用映画」等だけが対象となる権利である)。

日本でモータリゼーションが始まった数年後に、中古車市場が急速に拡大して新車の売上に影響が出たが、この時に日本の自動車メーカーは、「ディーラー純正中古車」なるものの発売(新車のディーラー自身が、下取りなども含めて中古車流通に乗り出し、サービス面で中古車専門業者に対抗したこと)なども含め、様々な経営努力を行った。ストッキングに至っては、「新品を売るために、わざとデンセンしやすく作ってある」などというウワサさえある。要するに、「いったん売った物がいつまでも使われたり、リサイクルで転売されると、新品の売上が落ちる」という当然のことに対応するため、各業界は様々な努力を行ってきたのだ。それと比べると、「再販制度などで甘やかされている出版業界は、努力不足であり、法律による規制などといったことを安易に主張せずに、他の業界の努力を勉強せよ」などという意見も出てくる。

「消費者」の支持を得られるか?

ただし、国民の多数が支持すればそうした法律ルールを作ることも可能であり、現に、このことについては、実現を目指している出版団体等と、これに強く反対している日本経団連との間で協議が進められている。(既に述べたように、出版者には著作隣接権も与えられていないが、著作者に新しい権利が付与されれば、著作者との協力によって中古品販売を阻止することは可能。)確かに、現在の世界の常識によれば、中古品販売を著作権でコントロールするというのは荒唐無稽な考え方だが、「レンタル」や「インターネット送信」については、日本の著作権法は世界の常識を破って画期的な制度改正を行い、世界をリードしてきたのである。

ただし、「中古車」や「リサイクルショップの乳母車」なども含め、いったいどのような商品について「中古品販売の禁止」をすべきなのか、また、「コンテンツ」と呼ばれるものに限ってそのような制度を設けるとしても、どんなコンテンツのどのような中古品販売を止めるのか――などといったことについては、「提案者」の側が責任を持って検討し、国民が納得できる具体的な法制を提案すべきだろう。提案されている権利は、少なくとも短期的には、一般消費者に対して明らかに不利益をもたらすのである。

プロテクション技術が遅れている日本の「レコード業界」

これに対して「音楽CD」の中古品販売は、全く事情が異なる。音楽CDは、普通は何回も繰り返して聴くものであるため、本来ユーザーは「手元に置いておこう」と思うはずであり、中古品店に売られてしまうはずはないのだ。ではなぜ中古品市場が形成されているのかというと、既に述べたように、「個人が楽しむためならば、無断でコピーしてよい」という権利制限があるからだ。この例外規定によって、人びとは「テレビ番組の録画」をし、また、音楽CDをMDに録音しなおして(コピーして)ウォークマンなどで聴いている。この場合、コピーであるMDの方を中古品店に売ると「目的外使用」として違法になるが、オリジナルのCDの方を売るのは合法だ。

この問題については、インターネット等に対応するための新しい条約(一九九六年に制定)を検討していたときにも国際的な議論が行われたが、結局「権利者自身が、コピー・プロテクションをかけることによって、個人使用目的のコピーを防止すべきだ」という結論になった。「個人が楽しむためならば、無断でコピーしてよい」という例外は、利用者に「コピーする権利」を与えているわけではないので、権利者がコピー・プロテクションをかけるのは自由である。こうしたコピー・プロテクションの利用は普及しつつあるが、それと同時に、これをはずすような機器・サービスも普及しつつある。このため、既に述べたように新しい条約は、「コピー・プロテクションの解除を防止する法整備」を各国に義務付けているのだ。世界中で日本だけが「著作物」「放送番組」「有線放送番組」「レコード」「実演」のすべてについてそのような法整備を終えており、したがってあとは、音楽CDの業界がこのルールを活用すればよいわけだ。日本での基本的な問題は、DVDに施された強力なプロテクションなどと比べると、音楽CDのコピー・プロテクションは極めて貧弱であり、容易に破られてしまうということだ。中古品販売を抑止したいのであれば、日本のレコード業界自身が、一刻も早く技術の改善を図るべきだろう。

「消費者の当面の利益を犠牲にして特定業界の利益を図る」という法制の導入は、もちろん不可能ではないが、当然のことながら国民・消費者の理解と支持が必要であり、「努力不足」

が指摘されている業界についてそのような支持が得られるかどうかは、極めて疑わしいのである。

（4）「コミック誌」と著作権――マンガ喫茶、レンタル、中古品販売など

日本のコミック誌は外国でも人気が高いが、著作権との関係では、様々な場所でいろいろな課題が指摘されている。これまで述べてきた課題についてもコミック誌が関係するものが少なくないが、様々な権利がからむので、「コミック誌」という切り口から再度整理してみよう。

コミック誌との関係で権利者側が行っている主張の中には、「書籍一般」に共通するものと、「コミック誌」特有のものがあるが、それらは一応次のように整理できよう。

(1)「出版者」にも著作隣接権を付与すべき(「版面権」を創設すべきか？)
(2)「図書館」による貸出しについて「補償金」を課すべき(「公貸権」を拡大すべきか？)
(3)「中古品販売」を禁止できるようにすべき(「譲渡権」を拡大すべきか？)
(4)「マンガ喫茶」の営業を禁止できるようにすべき(「展示権」を拡大すべきか？)
(5)「レンタルコミック店」の営業を禁止できるようにすべき(「貸与権」を拡大すべきか？)

これらのうち、(1)の「版面権」、(2)の「公貸権」、(3)の「中古品販売に関する権利」について

は既に述べたので、ここでは残りの二つについて述べる。

「マンガ喫茶」＝「展示権」

「マンガ喫茶」が行っている行為は、著作権法の用語で言うと「展示」に当たり、実は「美術館」が行っているのと同じ行為だ。マンガ本を棚から出してきて見るので、「貸与」と勘違いしている人がいるが、「貸与」とは「占有の移転」を意味する。「店から持ち出せない」ということは「完全に占有していない」(まだ店が占有している)ということなので、これは「貸与」ではない――というのが、国際的な共通理解である。図書館でも、「館内閲覧」は貸与ではない。「現物を提示して見せる」という意味である「展示」は、既に述べたように「美術館の行為」が典型だが、美術館であっても、「壁に絵をかける」のではなく、「棚に並べてある絵から好きなものを取り出して、自分の席で鑑賞する」という展示方法も可能だ。こう言えば、「マンガ喫茶と美術館は同じ展示行為」ということが理解できよう。

著作者には「展示権」(無断で公衆に展示されない権利)という権利が付与されているが、実はこの権利は、条約にも規定されておらず、日本の著作権法が独自に規定しているものである。また、この権利については大幅な制限がある。まず第一に、この権利は、「美術」の著作物の

「原作品」などに限って付与されているので、「本」に「コピーされている絵」などには及ばないし、「文字」の部分には及ばない。また第二に、「その原作品の所有者」(例えば美術館)は、例外として自由に展示ができることとされている。この権利の対象を、①「原作品」だけでなく「コピー」(コミック誌に印刷されている絵など)に拡大し、②「所有者による展示」にも権利が及ぶようにすれば、「マンガ喫茶」は権利者に無断では営業できなくなる。この法改正は、技術的には簡単だ。

しかし、「展示権」の対象を前記のように拡大したら、例えば「ラーメン屋に置いてあるボロボロのマンガ雑誌」とか、「床屋の壁に貼ってある絵」とか、「歯医者の待合室に置いてある雑誌」などといったものについても、権利が及ぶこととなってしまう。「マンガ喫茶」だけを考えれば、権利の拡大を支持する人が多いだろうが、「どのような範囲の行為について権利の対象とする(無断ではできないようにする)か?」ということについては、「提案者」の側が、すべての人びとの支持を得られる具体的な案を作って提案する必要がある。現在、権利者の側が、そのような権利が及ぶ範囲について検討するとともに、利用者側との協議を進めている。

「レンタルコミック店」＝「貸与権」

「レンタルコミック店」が行っていることの性格は、明らかに「レンタルCD店」が行っていることと同じであり、本来は権利を及ぼす(権利者に無断ではレンタルできないようにする)べきだ。ところが、約二〇年前にこの「貸与権」という権利が作られたとき、二つの例外が設けられた。

一番目は、既に述べた「非営利・無料の貸与」についての例外であり、簡単に言えば、「公共図書館は、非営利・無料だから、無断で本を貸し出してよい」というものだ。また、二番目は、「書籍・雑誌の貸与」(営利目的の場合も含む)についての例外である。この例外の方は、実は著作権法の「附則」に書かれており、しかも「当分の間」の「暫定措置」とされている。

二番目の例外はなぜ設けられたかというと、当時既に、長い歴史と伝統を持つ「貸し本屋」というものがたくさんあったからだ。第一に、そうした貸し本屋が細々と営業を続けても著者に大きな損害を与えないし、第二に、地域に密着して営業してきた貸し本屋さんたちを突然に路頭に迷わせるのはよくない、という判断があったのである。

ところが最近、こうした伝統的な「貸し本屋」ではなく、「大規模レンタルコミック店」というものが急増してきた。こうなると、暫定措置を設けた第一の理由が崩れる。このために、この暫定措置を廃止すべきだという意見が出てきているわけだが、レンタルコミック店の団体は利用料の支払いに前向きのようだし、著者や出版社もすべてのレンタルを止めるという意思はない。したがって、利用料の金額について折り合いがつけば法改正について合意形成ができよう。

しかし、依然として第二の理由は存在している。このため現在、コミック作家の団体や出版業界と、貸し本屋の団体との間で、協議が進められている。日本書籍出版協会は、ＪＡＳＲＡＣが「音楽」について行っている集中管理(ほとんどすべての音楽の著作権を、個々の作詞・作曲家との個別契約によってＪＡＳＲＡＣに集中し、すべての曲に関するすべての利用契約を原則としてＪＡＳＲＡＣが行うというシステム)を、「世の中のすべての本」について行う――などという案を本気で検討していた。これが実現すれば、すべての書籍に関して、貸し本屋からの貸出しについて「契約窓口の一本化」ができるが、さらに、個々の書籍の「重版」や「再出版」などの契約も、それぞれの著者ではなく日本書籍出版協会が行うことになろう。しかし、そうした状況を実現するには、音楽とは比較にならないほどの困難が伴うし、わずか一〇〇〇軒程度の貸し本屋のために「あらゆる本のすべての著者の権利」を集めるという発想の荒唐無稽さに、やっと気づいたようだ。現在では、より現実的な方法として、別の工夫(例えば、貸出しできる一般書籍を、伝統的な貸し本屋に限って提供すること)が検討されているようである。

4　日本だけが検討している「アクセス権」

新しい「法律ルール」の構築ということについて最後に言及しておきたいのは、「アクセス権」(従来から使われていた「情報にアクセスできる権利」とか、「マスコミでの意見表明・反論権」などといった意味ではなく、著作権の世界では、自分がつくったコンテンツに無断で『アクセス』=『知覚』されない権利という意味)なるものを設けるかどうかという、制度の根本に関わる問題である。「知覚」とは「見る」「聴く」「読む」などといった行為のことだが、これに関する権利を正面から取り上げて検討を開始しているのは、世界でも日本政府だけだろう。

「無断で読まれない」のであれば……

「他人がつくったコンテンツは無断でコピーしてはいけない」という著作権のルールは、最近では多くの人びとが知っている。しかし、著作者の利益を守るために、そんなルールは本当に必要なのだろうか。例えば本が無断でコピー・販売されても、印刷や出版の手間が省けるだけで、かえって好都合なはずだ。ただし、そこでひとつだけ条件がある。それは、そのコピーを入手した人が、「その本を開いて読む」ということをする前に、必ず著者に連絡して了解を得る(求められただけの料金を支払う)ということだ。このように、「権利者の了解」なしには「読めない」「聴けない」「見られない」(つまり、許可なしには「知覚」されない)ということが確保されれば、「コピー」「譲渡」「送信」「レンタル」などに関する権利は、すべて不要なのである。

小説や音楽や映画などのコンテンツは「価値」を持っており、だからこそ人びとはそれにお金を払う。しかし、人びとがお金を払ってそれらを入手するのは、「読みたい」「見たい」「聴きたい」(つまり、「知覚」したい)からであって、「コピーしたいから」ではない。つまり、あらゆるコンテンツは「知覚されてナンボ」というものなのであって、著作権の中の財産権というものは、本来は「無断で知覚(アクセス)されない権利」という権利だけでいいはずだ。

この「無断で知覚(アクセス)されない権利」のことが「アクセス権」などと呼ばれているのだが、現在は、どの条約にも、どの国の著作権法にも、この権利は規定されていない。「無断で読まれなければ、無断でコピーされても構わないはず」と述べたが、実際には、極めて多く存在する末端のユーザーについて、「見る」「聴く」「読む」などといった「知覚行為」を完全に捕捉することなど不可能である。このために世界の著作権ルールは、本来価値を持つ「知覚行為」ではなく、その「一歩手前の行為(知覚幇助行為)」(エンドユーザーによる「知覚」を次の段階で実現するような、ひとつ前の行為)を権利の対象として、「無断でしてはいけない」ということにしているのだ。それが、「コピー」「配布」「公衆送信」「レンタル」などなのである。

つまり、現在ある権利(財産権)はすべて、「エンドユーザーによる知覚行為を完全に把握することはできない」ことから、本来権利を及ぼすべき「知覚行為」を権利の対象にすることができないために、「その一歩手前の行為」をやむなく権利の対象としている——という「便法」にすぎないのである。「無断でコピーしてはいけない」ということ自体が、人工的に作った「便法」としてのルールであるために、「こんなことにまで権利が及ぶのか?」という疑問が生じるケースがあったり、様々な場面について多くの「例外」を設けざるを得なくなるのである。

「知覚」をコントロールできるシステムの出現

ところが最近、新しい技術の普及によって、「料金を払って了解を得た人しか知覚できない」

など、「エンドユーザーによる『知覚行為』をコントロールすること」が可能になってきた。一番簡単な例は、「ＷＯＷＯＷ」である。番組が暗号化されており、契約した人しか「知覚」ができない。また、「ネット上で配信され、料金を支払った人だけが見られるようなコンテンツ」も、そうしたものの例だ。そうしたコンテンツについて、「料金を払っていない人は見られない」というシステムを破壊し、「無断で見てしまう（知覚してしまう）」という行為は、普通の倫理感覚からすると明らかに「不正」と思えるだろう。ところがそうした行為は、著作権侵害にはならないのである。「無断で知覚（アクセス）されない」という権利は存在しないからだ。

本来は「知覚行為」を対象とすべき著作権というものが、便法として「ひとつ前の行為」を対象としている（「知覚行為」は「無断でされない」という権利の対象とされていない）ため、「無断で知覚する」という行為は合法なのである。そこで、本来権利の対象とすべきだった「知覚行為」について、そろそろ権利を設定してもよいのではないか――と考える余地が出てくる。

しかし、今すぐに「無断で知覚（アクセス）されない権利」を作っても、「例外」の方が多くなってしまう。「無断で知覚（アクセス）できない」ように、いわゆる「アクセス・コントロール」がかけられているコンテンツは、今のところまだ「暗号化放送」や「ネット上の暗号化コンテンツ」などに限定されているからだ。将来は、すべてのコンテンツがそうした「アクセス・コントロール」つきで流通するようになるかもしれないが、現在世の中に出回っているコンテンツの大部分は、本屋で売っている本、レコード屋で売っているCD、普通の放送番組、などといった例を見ても分かるように、「了解を得ないと知覚できない」などとはされていない。

したがって、「アクセス権」なるものを作っても、「ただし、合法的に入手した複製物(例えば、本屋で買った本)から知覚する場合は違法でない」などということを法律に書かざるを得なくなり、むしろ権利が及ばない「例外」の方が多くなる。しかし将来は、この権利は重要な意味を持つだろう。

「情報」は「原則自由使用」か「原則独占使用」か?

そのような時代になったときに「アクセス権」を法律に書くのは簡単だが、その前に「著作権とは何か」「情報の流通についてどう考えるか」といった根本的な問題について、すべての人びとがそれぞれの考えをまとめておく必要があろう。既に述べたように、現在は、幸か不幸か、エンドユーザーによるすべての知覚行為を把握することができない。このために、「便法」として「権利が及ぼされている(無断ではできないとされている)」行為も限られている。しかしこれは、「本来はすべての知覚行為について権利を及ぼすべきだが、実際には無理なので、この程度に止めざるを得ない(本来は、原則独占使用)」ということなのか、または、「本来はすべての情報使用行為を自由にすべきだが、創作行為を継続させるためのインセンティブとして、限定的な場合に限って独占権を認めている(本来は、原則自由使用)」ということなのか。

こうした根本的な議論を経ることなく、世界中で、「業界間の力関係」等によって「どこまで権利を及ぼすか」ということが決まってきた。例えば、「一歩手前の知覚幇助行為に権利を及ぼす」というのであれば、国際的にも「著作権問題ではない」とされている「中古品販売」や「マンガ喫茶」などの状況も、知覚幇助行為には違いないのだから、権利の対象とされても(少なくとも国際的な検討の対象とされても)よさそうなものであるが、これらは「円滑な流通を阻害する」などといった漠然とした理由で排除されている。つまり、「便法にすぎないがゆえに、便法の範囲についての哲学がない」というのが、世界の現状なのである。

これまではこうした根本的な議論をする必要がなかったが、多くのコンテンツについて、

「アクセス・コントロール」なるものが普及しつつある現在、「情報の創作・流通・使用」に関する根本的な思想について、すべての人びとが考えてみる時期に来ているのではないだろうか。

第六章　「契約」と「ビジネス」——日本の弱点

1　日本人に必要なもの

(1)「著作権問題」の大部分は「著作権契約問題」

「著作権問題」ということばがよく使われるが、日本で「著作権問題」と呼ばれているものの大部分は、実は「著作権法問題」ではなく「著作権契約問題」であり、要するに、「当事者同士が最初から明確な契約・約束をしていれば防げた問題」である。

必要なのは「DVD」よりも「紙」

例えば、かつてある小説家が、自分が書いたエッセイを何編か、ある出版社に「これ、キミんとこで、どう使ってもいいよ」と言って渡したことがあった。その出版社は、そのエッセイ集をインターネットで送信したのだが、これを聞いた小説家が怒って「『どう使ってもいい』とは言ったけど、キミんとこは本屋でしょ。雑誌連載でも単行本でも文庫本でもいいという意味で言ったのであって、ネットで送信していいと言った覚えはない」と言った。それを聞いた出版社もいわゆる逆ギレをし、「先生、『どう使ってもいい』って言ったじゃないですか。今どき出版社だって、インターネットくらい使いますよ」と言って怒ったのである。

この二人が水掛け論をしているだけなら単なる笑い話だが、二人そろって文化庁にやってきて「なんとかしてくれ。小説家が出版社に『どう使ってもいい』と口頭で言った場合の、その『どう使ってもいい』の法的な意味について、政府の統一見解を示してくれ」などと言ったのである。そして、埒《らち》があかないと知ると、最後は「だいたい法律が悪いんだ」などという捨て台詞を残して去っていった。これが、今日の日本で「著作権問題」と呼ばれているものの大部分の本質なのである。

こうした日本の特異な状況は、多くの外国人を驚かせている。例えば「著者が本を出版するときに、出版社と文書で契約することは少ない」とか、「俳優がテレビに出演するときに、文書で契約することはほとんどない」などということを言うと、ほとんどの外国人は「信じられない」という顔をするのだ。「それでどうやってビジネスをしているのか」とか、「やはり日本人は、自分たちだけが分かるルールで閉鎖的にビジネスをしているのですね」などと言われることも多い。このために、「今の日本人に必要なのは、ＤＶＤよりも(契約書という名の)紙だ」などと言われているのである。

「日本だけ」「放送番組だけ」の二次利用問題

同じようなことが、既に放送されてビデオが保管されている「放送番組」の二次利用(ビデオ化、再放送、ネット配信など)についても起こっている。DVD、衛星放送、CATV、ブロードバンドなどの出現・普及によって「過去の放送番組の二次利用」ということがよく話題になるようになった。こうしたことについて、「著作権が障害になって、映像コンテンツの活用が進まない」などと言う人がいるが、これも法律問題ではなく、単に「契約の不備」という問題だ。

よく考えてみればすぐに分かることだが、同じ「映像コンテンツ」でも、『寅さん』シリーズなどの「映画」は何回も繰り返し放送され、ビデオ化もされている。また、「放送番組」についても、海外では『奥様は魔女』や『ミスター・エド』などの懐かしい番組を今でも放送している。こうしたことができるのは、国内の映画関係者や海外の放送関係者・映画関係者が、当初から「二次利用も含めた契約」を多くの権利者との間で行っているからである。つまり、この問題は、「日本だけ」、さらに「放送番組だけ」の特殊問題なのだ。既に述べたように、「録画の了解を得た上での撮影」をすれば、二次利用について「俳優」の権利が消滅し、俳優の了解を得なくても二次利用ができるようになる(映画会社は、当然そうしている)。しかし日本の放送局の多くは、「放送について俳優の了解を得れば、了解なく(その放送のためだけに)録画できる」という例外規定を安易に使っており、要するに、短期的な利益(目先の契約のしやすさ)だけを考えて、わざわざ二次利用をしにくくする契約を自ら選んでしているのだ。

(2)「多様化」がもたらす「契約」の必要性

既に述べたように、著作権というものは、かつては「一部業界の一部のプロ」だけが関わるものだったが、日本で「一部業界の一部のプロ」同士が契約をしたら、その業界の「常識」と「慣行」と「馴れ合い」と「口約束」と「人間関係」による契約になり、「契約書」など交わされないことになりがちだ。これは、多様性が低い「閉じたプロの世界」だけで通用するものだが、今日ではコンテンツの「創作手段」「利用手段」の爆発的普及によって「一億総クリエーター、一億総ユーザー」という時代が訪れており、「関係者」「コンテンツ」「利用形態」など、あらゆる側面について急速な多様化が進んでいる。これまでの「業界の慣行」など通用しなくなっているのだ。

今日の状況は「アパート」にたとえて言うと、かつては「一部業界の一部のプロ」だけが常識と慣行と口約束でアパートを借りていたが、今では多くの人びとがアパートを借りるようになったのに、不動産屋に行っても「契約書」がない――という状況である。アパートや賃貸マンションを借りている人は多いが、そうしたことに関する法律ルールは「借地借家法」である。しかし、「借地借家法を読んでからアパートを借りました」という人はほとんどいない。重要なことは「不動産屋の契約書」に書いてあるからだ。これに対して著作権の場合は、「みんなが著作権に関わるようになったのだから、みんなが著作権法を読むべきだ」などということを言う人がいる。こうしたことが言われるのも、実は「契約システム」の不備が原因なのである。つまり、「契約システム」が発達していないと、「法律直接適用」の状況が増え、法律を読まざるを得なくなるのだ。

必要なのは「不動産屋の契約書」のようなもの

このように、「業界の慣行」に頼ってきた契約システムが「多様化」の中で機能不全を起こしているにもかかわらず、「一億総クリエーター、一億総ユーザー」の時代に機能する契約システムの構築が、日本では遅れている。このために、既に述べたような「法律直接適用」という状況も多くなってしまっているわけだ。このような状況の中で、一部の人は「コンテンツの利用についても契約書が必要だ」ということに気づき、契約書を書こうとし始めた。しかし、個々のケースについて契約の素人がそれぞれ契約書を作るというのは、再び「アパート」にたとえて言うと、「契約の素人であるすべての大家さんとすべての借り手が、契約するたびに膝を突き合わせて一条一条契約書を書いている」という状況だ。素人がそんなことをいちいちしなくてもいいように、アパートの場合には不動産屋に「スタンダードな契約書」がある。そうした、素人が契約をするときに頼れる「スタンダードな契約書式」といったものの開発・普及が急務なのである。

日本のコンテンツ業界で、こうした契約システムが最も発達しているのは「アニメ業界」であるが、その理由のひとつは、日本のアニメが世界中にビジネスを展開していることである。アメリカやフランスやインドや中国でビジネスをするのに、「キミ、こんなこと契約書に書かなくても常識だろ」などと言って「日本の一部業界の常識」を振りかざしても通用しない。要するに、「多様化」が進むと「常識の共有」ができなくなるため、「明確な契約」が必要になるのだ。おそらく日本では、社会全体の「同質性」が高かったことや、コンテンツ業界の「規模」が小さかったために、「言ったり(契約書に)書いたりしなくても『当然の常識』であること」が多くの「業界人」によって共有されてきたのだろう。しかし、そのような時代はもう終わっている。

なお、既に述べたように、アメリカは先進国の中で著作権の保護水準が最も低く、「法律ルール」についてはアメリカ著作権法から学ぶべきことはあまりない。しかし、契約に関するシステムやマインドについては、アメリカから多くのことを学ぶことができる。これは、アメリカ人が契約について優秀だということではなく、国内に国際社会があるからだ。常識を共有していない多様な人びとが共存していくためには、明確な契約が必要なのである。さらに、法律や行政に頼らずに「私的自治」と「自助努力」を重視する文化が、契約システムの高度な発達をもたらしている。

2　「契約マインド」による流通システム作りを

(1)「全員が不満」が「普通の状態」

既にお気づきのように、この項の見出しは一二四ページと同じである。しかし、「全員が不満」なのが「普通の状態」だということは、「契約内容」については著作権契約だけの特性ではない。あらゆる契約がそうなのだ。例えば、「今夜いっしょに飲みに行こう」というときに「契約書」を交わす人はいない。全員が「同じ方向」を向いているからだ。これに対して「大家さんからアパートを借りる」というときには、契約書が必要になる。利害・希望について「対立」があるからだ。大家さんの方は「家賃をできるだけ高くしたい」とか「いつでも出て行ってもらえるようにしたい」などと思っているが、逆に借り手の方は、「家賃はできるだけ安くしたい」とか「希望すればいつまでも居られるようにしたい」などと思っており、基本的な対立がある。

このように「対立」がある場合に、交渉・合意・契約といったことが必要になるのだ。当然のことだが、両者の間には基本的な対立関係があるので、最終的にどんな内容の契約書ができても、「双方が不満」という状況になる。つまり、そもそも「利害対立がある」(欲求と欲求がぶつかり合う)ときに行われるものである「契約」というもの自体が、「すべての契約当事者が契約内容に不満」という宿命を負ったものなのだ――ということをよく理解する必要がある。

日本国憲法のもとでは、すべての人に「幸福追求権」や「思想・信条・良心の自由」が保障されているので、契約交渉において「自分の利益」を追求することは、もちろん「悪」ではない。

対立する当事者同士が行う契約の内容は、「マーケット内の力関係」によって決まるものであるが、例えば「人身売買」のように社会全体として「悪」とすべきものなどについては、民法や独禁法などにより「契約に関する法律ルール」が作られている。そうした法律ルールを変えようとするのも当然自由であるが、そのための民主的手続きは憲法に規定されているとおりであって、前の章で述べた、著作権に関する「法律ルール」を改正しようとする場合と同じである。そのような「法律ルール」の範囲内で、すべての人びとが、憲法が保障する権利の行使として、「自分に有利な契約」を目指すことができる。したがって、契約交渉において「弱者に対する思いやりがあってしかるべき」などという「超ルール」的な「(自分の)モラル」を持ち出しても、合意形成は進まないのだ。

「自分にとって不満」を「不公正」と呼ぶ不思議

この小見出しも、実は一二六ページと同じだ。「法律ルール」作りも「契約」も、「多様性」や「利害対立」の中で、相対化や建設的な努力が必要なのであるが、これまで著作権に関わってきた人びとの多くは、後者の「契約」についても大きな問題を抱えている。契約交渉においても、方向性や利害を異にする人と出会うと、多くの人がまず「この人はなぜ、こんなにすばらしい私の企画に賛同できないのだろう?」と感じて「驚き」、次に建設的な交渉・合意形成ができずに「戸惑い」、最後にはこれが「怒り」になっていくようだ。そして、自分に「交渉力」や「マーケット内での実力」がないために結ばざるを得なかった(つまり、自分の判断でサインしている）「不満な契約」――つまり、すべての契約――のことを「不公正な契約」などと呼ぶのである。

さらに、「法律ルール」の場合と同様に、「自分が不満」ということを「自分は弱者」と表現する人が非常に多い。実際、例えば「放送局と俳優の間の契約」については、放送局・俳優の双方が「自分たちは弱者であり、いつも不公正な契約を押し付けられている」と言っているのだ。

多様性の中で建設的な合意形成を行っていくためには、異なる立場の相対化を踏まえた冷静な交渉が不可欠であり、「法律ルール」作りにおいて双方の立場を相対化した「ルール感覚」が必要であるのと同様に、契約交渉の場面でも、双方の立場を相対化した「契約マインド」が必要なのである。当事者間の合意・約束が「契約」であるのに対して、社会全体の合意・約束が「法律ルール」であると考えれば、いずれについても、多様性と利害対立を伴う社会において、建設的な合意形成には同じ態度が必要だ――ということが理解できよう。

（2）文化庁が「我々に有利な契約」を実現すべき？

この項の見出しも、実は一三七ページとほとんど同じである。多様性と利害対立を内包する民主的社会における「ルール感覚」と「契約マインド」は同根のものであるため、どちらかが欠けているということは、両方とも欠けているということなのだ。

第一に、そもそも「契約書」自体を文化庁で作ってくれとか、(自分たちはイヤな思いをして交渉したくないので)文化庁が契約内容の「調整」をして結論を出してくれ(ただし、それに従うかどうかは、内容次第)――などという要望が、著名な企業や新聞社などからも文化庁にくる。言うまでもなく、「契約内容」は「当事者」同士が自ら交渉してまとめるべきものであり、また、既に述べたように「双方に利害対立があるから必要」なものである「契約」について、政府がその内容を決められるはずがない。さらに、「相手が交渉のテーブルについてくれないので、文化庁から指導してくれ」などという要望もあるが、そもそも誰かと「交渉するかしないか」ということ自体を自分で決められるということが、憲法の基本的なルールであって、このような要望が政府に寄せられるなどという「お上だのみ」の体質は、諸外国のビジネス関係者の失笑を買っている。

第二に、当事者同士が民法・独禁法等の法律ルールに従い、マーケット・メカニズム(市場内での力関係)で決定すべき「契約の内容」について、これを「自分に有利」にすることを、自らの努力ではなく「権力」によって達成しようとする人(民主主義と自由経済が分かっていない人)も多い。例えば、「私が提示している適正な利用料について権利者が納得しないので、その金額で契約するように文化庁から言ってくれ」(「私が提示しているアパートの適正な家賃について大家が納得しないので、政府から言ってくれ」というのと同じ)とか、「いいことに使おうとしているのに、権利者が許諾してくれないので、文化庁から説得してくれ」(「彼女がプロポーズに応じてくれないので、政府から結婚するように言ってくれ」というのと同じ)などという要望が、文化庁に寄せられる。そこでも「不公正」とか「弱者」とか「政府のリーダーシップ」などといった単語が(「自分に有利にしたい」が「自ら努力はしたくない」という理由で)飛び交うのだが、「ルールに基づく自由な契約」を「自助努力」によって行えるような「契約マインド」を、日本のコンテンツ業界の人びとにも早く身に付けていただきたい。

3 「契約」が必要な具体的場面

ここで、具体的にどんな場面で、どのようなことに注意した契約が必要か、整理しておこう。

(1) コンテンツを「つくる」とき

著作権契約と言うと、「他人がつくった既存のコンテンツを使わせてもらうとき」の契約(利用許諾契約)を思い浮かべる人が多いが、トラブルの原因になることが多いのは、むしろ「つくるとき」の契約である。この時点で適切な契約をしていないと、後々のリカバリーが非常に困難になってしまうのだ。こうした「つくる」ときの契約は、特に「部品を含むコンテンツ」の場合に極めて重要である。

このことは、「放送番組の二次利用」との関連で既に述べたが、放送番組や映画・ビデオなど、「音楽」「実演」「美術品」「写真」などの「部品」を含むコンテンツをつくるときには、そうした「部品」について、後々の利用がしやすくなるような契約を当初からしておかないと、極めて使いにくくなる。二次利用の促進という観点から見る限り、そうした契約について最も不備が多いのが日本の放送番組であり、このために、NHKのアーカイブスには(国民の受信料でつくった)数十万本のビデオがあるのに、二次利用できるのはわずかに数千本——などという状況になっている。これは、国際ルールに則っている著作権法の問題ではなく、すべて「制作時点での契約の不備」のせいなのである。

アメリカでは、こうした「部品を含むコンテンツ」については、すべての「部品」(や、さらにそれらの部品の中に含まれている部品)について、権利関係や契約関係を詳細に整理・記述した書類(チェーン・オブ・タイトル)を常に用意しておくのが常識になっている。そうした努力をしておかないと、「全体は使えるが、部品は使えない」(したがって、結局使えない)という「ベニスの商人」状態に陥ってしまうからだ。いわゆる「業界」の常識・慣行や口約束にいまだに頼っている日本のコンテンツ業界も、早くそうしたシステムを確立すべきだろう。

(2) コンテンツを「つくってもらう」とき

コンテンツの作成を「外注」するときの契約の重要性については、「著作者と著作権者の違い」のところでも触れた。「著作物をつくった人が著作者だ」ということは、「著作物をつくった人でない人は、著作者ではない」ということであり、これには「費用を負担した発注者」も含まれるのである。発注者の側は、「こちらが金を払って注文したのだから、出前のピザと同じように、こちらのものだ」という意識を持ちがちだが、国際ルールはそうはなっていない。しかし、創作手段・利用手段の爆発的普及によって、発注者側もカプーコピー機やスキャナーやパソコンを持つようになった今日、発注者が「自分で自由に使いたい」と思うのは当然であり、これは(多くの国では既に常識になっていることだが)「契約」で解決すべき問題だ。

昔から多かった問題は、実は学校の「校歌」である。市の教育委員会が「市立学校の校歌集」を作る――などということは、どこでも関係者がすぐに思いつくことだが、著作権契約が不備であったために実現できなかった、というケースが少なくない。その校歌の作詞・作曲者がＪＡＳＲＡＣのメンバーのような「プロ」であれば、権利を集中管理しているＪＡＳＲＡＣに利用料を払えばすぐに利用(校歌集への掲載)ができる。しかし、よくあるのは「三〇年くらい前にこの学校にいた音楽の先生が、作曲してくれたんです。あのころもう五〇歳を越えていらしたので、まだご存命かどうか……」とか、「三番の歌詞は、当時の子どもたちがつくったんです。いいでしょう」などというケースだ。この校歌は、すべての権利者(や相続人)を探し出して了解を得ないと掲載できない。これも、法律ルールが悪いのではなく、「つくってもらったときの契約」に不備(将来の利用を考えていなかったこと)があったのだ。

こうした契約の形態は、「ポスターの外注」とか「データベース用プログラムの外注」など、それぞれの分野ごとのスタンダード(「不動産屋にある契約書」のような雛型)が、二〇年もすれば整備されるだろうが、それまでの間は、「すべての大家とすべての借り手が、一条一条相談しながら契約書を書いていく」という、過渡期の産みの苦しみを経なければならない。発注者側に最も有利な契約内容は、「著作権③の移転」＋「人格権の不行使」というものだが、受注者側にも利害と言い分があるため、「不動産屋の契約書」のようなスタンダードの確立には時間がかかるだろう。

(3) コンテンツを「利用させてもらう」とき

他人のコンテンツを利用させてもらうときに「契約」が必要であることは、言うまでもない。例えばアメリカでは、学校のパソコン・システムをインターネットに接続するときには、すべての保護者と、子どもたちの「肖像権」「著作権」について契約書を交わすのが常識になっている。日本でも、最近「ウチの子の写真や作文は、学校ホームページに載せないでくれ」という親が増えてきたため、ある教育委員会は、「学校ホームページに載せるものと載せないもの」についての「基準」を作っているそうだ。そのような基準の押し付けは明らかに「人権侵害」であり、そんなことは、個々に契約で決めるべきことである。こうした所にも、ルール感覚や契約マインドの欠如が見られる。

「契約インターフェイス」とは?

こうした「利用許諾契約」について、「ある程度パターンが決まった契約を、多くの人びとを相手に反復・継続して行う人」は、スタンダードな契約書を開発しておいた方がいい。その代表が「不動産屋にある賃貸借契約書の雛型」である。そのようなスタンダードは、「すべての人びとが使う」という前提で、例えば「分かりやすい図」などを用いて、契約内容を誰でも理解できるようにすることが必要である。

昔からそうした努力を行ってきたのが、実は「生命保険」の会社だ。生命保険の契約をするとき、数千万円という契約をしているにもかかわらず、あの分厚い「約款」なるものを熟読する人はまずいない。契約内容は、セールスの人が持ってくる「図」で理解し、その「図」の内容は「約款」の内容と同じだ——と信じて、契約書にサインするのである。これは、「契約インターフェイス」と呼ぶべきものだ。何と何をインターフェイスするのかというと、一般人には分かりにくい「法律や正規の契約書」の世界と、一般人に分かる世界を、「図」などを使ってインターフェイスするのである。一億人の素人を相手にビジネスをするためには、第一に「法律直接適用」という状況(例えば「契約書を交わさずにアパートに入ってしまった場合」のように、その後のことについてすべて「借地借家法が直接適用される」という状況)を明確な「契約」によって回避しなければならない。生命保険の場合も、様々な関係法があるのだろうが、多くの人はその存在すら知らない。また第二に、素人に「契約書を熟読しろ」と言うような状況も回避しなければならない。そのために「図」を使った「契約インターフェイス」が開発されてきたのである。

著作権に関する契約についても、「一億総クリエーター、一億総ユーザー」の時代を迎え、一億人の素人が著作権契約をできるようにするためには、「著作権法直接適用」とか「正規の契約書を熟読しろ」といった状況を回避するために、コンテンツに関するあらゆる業界が、生命保険会社と同じ努力を行い、「契約インターフェイス」を開発すべきなのである。

文部科学省では、通信衛星を用いて約四〇の送信局から全国の約二〇〇〇か所に番組を放送している「エル・ネット」というシステムについて、多様な二次利用を進めるための「契約インターフェイス」を開発したが、このシステムでは、「図」によって四つのレベルの契約内容をすべての関係者が理解できるようになっている。全国で一万人近い人びとがこれを利用しているが、著作権法を読んでいる人はほとんどいないだろう。生命保険の場合と同様に、「著作権法の存在さえ意識しなくなる」というのが、こうした契約システムの目標なのである。

（4）コンテンツを「利用させる」とき

自分が権利者の立場に立ち、他人にコンテンツを利用させる場合については、小説家が出版社に原稿を渡して「どう使ってもいいよ」と言ってしまった場合——という例について述べた。要するに、第一に「自分は何を了解しているのか」ということを自らよく自覚すること、第二に「それについて相手と共通理解を得ておくこと」(例えば、「契約書」という名の「紙」に書いておくこと)などが重要なのである。その時点で、例えば「契約書で使った用語の定義が曖昧だった」などというミスをすると、後々のリカバリーは非常に困難になる。

また、「双方の意思表示による約束」を意味する「契約」とは異なるが、「一方的な意思表示」というものも、自分の意思の範囲でコンテンツを流通させるということについて、大きな効果がある。

「自由利用マーク」の活用

例えば、「インターネットを通じて入手したコンテンツをプリントアウト、コピーし、会社の会議で配布して議論の参考にする」などということは、多くの職場で行われているだろうが、これに対応する権利制限は存在しないので、法律的に見ると「違法」ということになる。こうしたことは、「インターネットで情報を流している人は、それくらいのことは了解しているのではないか」という「想像」のもとに、リスクを冒して行われているわけだ。

この行為は、「空き地を横切ること」と似ている。多くの人が「空き地を横切った経験」を持っているだろうが、法務省に電話して「合法ですか、違法ですか?」ときけば、「違法です」という答えが返ってくるに違いない。それでも空き地を横切る人が多いのは、「柵もないし、地主は了解しているのではないか」と「想像」しているからであって、これは法的に見ると、非常に不安定な状況である。「法的に不安定」とは、「いつ訴えられるか分からない」という状態であり、日常生活やビジネスについて、大きな支障をもたらす。

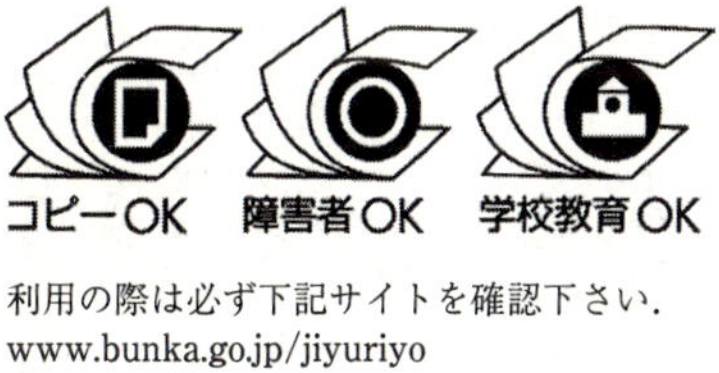

利用の際は必ず下記サイトを確認下さい.
www.bunka.go.jp/jiyuriyo

図 12　「自由利用マーク」

　この状況を安定化し、安心して空き地を横切れるようにするためには、地主による「意思表示」が必要だ。地主がカンバンを立てて、「どうぞ自由にお通りください」とか、逆に「立ち入り禁止」などという意思表示をしておけば、通過する人も「していいこと」と「してはいけないこと」の区別がつきやすい。ネット上で公開されているコンテンツなどの場合も同様であり、権利者としての意思表示をしっかりとしておくことが望ましい。それをしないと、すべて「法律直接適用」の状況となってしまうのである。こうした「意思表示システム」についても、民間の関係者による開発・普及が必要であるが、日本ではそうした動きが緩慢であるため、文化庁が（ある範囲で「自分のコンテンツを自由に使ってもらって構わない」と考える権利者のために）図12に示したような「自由利用マーク」というものを作った。このマークに限らないが、今後は、「契約システム」とともに、こうした「意思表示システム」の発達が期待される。

4 「コンテンツのマーケット」と「著作権ビジネス」

（1）「市場《しじょう》」があっても「市場《いちば》」がない

これまで述べてきたような「ルール感覚の欠如」「契約マインドの欠如」などの問題を克服してビジネスを展開していく上では、まず関係するマーケットの特性をよく知っておくことが必要である。そこでまず、「コンテンツのマーケット」の特性について考えてみよう。

一方にコンテンツを「供給」する権利者がいて、他方にコンテンツの利用について「需要」を持つ利用者がいるということは、コンテンツに関する「マーケット（市場《しじょう》）」が存在するということを意味する。「需要」と「供給」があれば、理念としての「マーケット（市場《しじょう》）」は必ず存在するのだ。ところで、デパートに行くとハンドバッグを買うことができるが、これは、よく考えてみると大変なことだ。そうしたことができるのは、デパートでは、「売り手」と「買い手」と「商品」が「同じ場所」で「同じ時間」に存在できるからである。そのような場のことを「マーケットプレイス(市場《いちば》)」と言う。「需要」と「供給」があれば、「マーケット(市《し》場《じょう》)」は常に存在するが、「マーケットプレイス(市場《いちば》)」は、常にあるとは限らない。実は「物」についても、大昔は常設の「市場《いちば》」がなかった。このために、「四日市」とか「廿日《はつか》市」などの地名が残っているように、一定の日に「売り手」と「買い手」が「同じ場所」に集まって、「市場《いちば》」を形成していたのである。

　これに対してコンテンツの場合は、必然的に「売り手」から離れて流通するので、「売り手」と「買い手」がなかなか出会えない。要するに、「市場《しじょう》」の中に「N(多数)」の「売り手」と「N(多数)」の「買い手」がバラバラに存在していて、「市場《しじょう》」があっても「市場《いちば》」がない——という状況になっているのだ。このような場合、「買い手」にとっては、契約の相手である「売り手」がどこにいるのかを探し出すだけで、大きな時間的・経済的コストがかかる。そうした「契約に入るために事前に必要となるコスト」のことを「トランザクション・コスト」というが、コンテンツの場合は、これが非常に大きくなるのである。

（2）「市場《いちば》」なき「市場《しじょう》」への対応

「1対N」の「不動産屋」方式

「市場《いちば》」なき「市場《しじょう》」における「N対N」の混沌状況のために契約がしづらい——という問題に対応するために、様々な努力が行われてきたが、世界の多くの国々で採用されてきたのが、「売り手」である「権利者」の権利を集中して契約窓口を一本化する（「N対N」の状況を「1対N」にして契約を容易にする）という、「権利の集中管理」方式である。日本では、音楽の著作権を集中管理しているJASRACが有名だ。

よく考えてみると、契約当事者がなかなか出会えないという状況は、アパート・賃貸マンションも同じだ。アパートはたくさん空いているし、借りたい人も多いが、街をうろついても、どの部屋が空いているのか、大家さんはどこにいるのか、家賃はいくらなのか、全く分からない。そこで登場するのが「駅前の不動産屋」である。不動産屋が多くの大家さんの情報を集中管理し、（所有権を預かっているわけではないが）供給者側の契約窓口を一本化して、「N対N」の状況を「1対N」にしているのである。つまり、JASRACのような「集中管理団体」の方式は、「不動産屋」の方式（売り手の側を「1」にする方式）なのである。

こうした「著作権の集中管理」には、かつては信託業法などによる規制が及んでおり、音楽などの限定された分野のものに限り、さらに、文化庁長官の許可を得た場合に限って、許されていた。しかし現在では、大幅な規制緩和が実施され、実質的に誰でも(どんな著作物等についても)行えるようになっている。ただし、「集中管理を行う者が、個別の契約ごとに権利者に相談せずに、利用料を決定するような方式」(いわゆる「一任型」。不動産屋にたとえて言うと、不動産屋が大家に相談せずに家賃を決定するような方式)の場合だけは、権利者の利益を保護するために、「文化庁への登録」が必要とされている。

この規制緩和により、音楽などについても複数の集中管理団体が出現しているが、ここで言う「1」の方式とは、「すべての権利者を一か所のみにまとめる」という意味ではなく「複数の権利者の権利を一か所にまとめる」という意味であって、そうした事業を行う団体等は「ひとつ」とは限らない。

「1対1」の「着メロ」方式

この、「1対N」の「集中管理」方式は、長い間使われており、今後もなくなりはしないと思われるが、最近では別の方式も出現してきた。そのひとつは、「着メロ」というビジネスモデルである。「プロテクション技術」「契約システム」「自動課金システム」などをうまく組み合わせれば画期的なビジネスモデルができる――といったことは数年前から文化庁などによって言われていたが、「着メロ」がその好例を示したのである。「着メロ」の音楽は携帯電話の各ユーザーが電話の中にコピーしているので、本来はひとりひとりがJASRACと契約をすべきだ。しかし、これでは面倒なので、電話会社などが一括してJASRACと契約をしている。つまりこれは、権利者をJASRACが「1」に集める一方で、利用者である携帯電話ユーザーの方も電話会社などが「1」に集め、「1対1」の契約システムを作っているのである。

また、ネット上での配信について権利者は、「受信された後にどう使われるのか」ということを気にするが、「着メロ」の場合は、プロテクションによって簡単にはパソコンなどにコピーできないようになっている。さらに大きな要素は、「自動課金システム」だ。「着メロ」利用のための著作権料は、電話料金に含まれていたり上乗せされていたりすることが多いため、たいていの人は、いくら著作権料を支払っているか気にしていない。ここまでやれば爆発的に普及するのは当然であり、一九九八年のサービス開始後約二年半で、全国のカラオケの総売上に匹敵する年商五〇〇〇億円を記録し、現在では一〇〇〇〇億円を突破している。

「N対N」の「出会い系サイト」方式

「1対1」の「着メロ」方式は爆発的な普及を見せ、日本発のビジネスモデルとして海外でも注目を浴びている。しかし、このビジネスモデルは、「権利者側はJASRACが『1』に集中させている」「利用者側はすべて『携帯電話ユーザー』であり、ハードも限定されているので、『1』に集中しやすい」といった特殊状況のために成功したものである。これを、今後のコンテンツビジネスの典型と誤解してはならない。「一億総クリエーター、一億総ユーザー」の時代に必要なのは、実はこのようなものではなく(これも当然あってよいのだが)、「N対N」で直接機能する「契約システム」「ビジネスモデル」である。

よく考えてみると、「市場《いちば》」なき「市場《しじょう》」の中の「N対N」の混沌状況において、必要な人と人や、人と情報を結びつけるのがインターネットの特性だ。したがって、誰が何と言おうと、インターネットの特性を最もうまく使っているのはいわゆる「出会い系サイト」である。ニーズに適合する形でインターネットをうまく使っているからこそ、広く使われて多くの問題も起こしているのだ。「出会い系サイト」は、出会いたいが出会えない「N対N」の人びとを出会わせているわけだが、このビジネスモデルは、出会いたいが出会えない「N対N」の権利者・利用者についても応用できるはずである。例えば、「バーチャル市場《いちば》」としてのサイトを設け、

「写真」などのコンテンツについて、自分の作品を売り出したい人がサンプルをアップロードして利用料などの条件も自分で設定・表示する。それを使いたい人はサイト上で必要なものを検索し、ネット上で交渉・契約する。これなら自分で利用料を設定でき、売れなければ値下げすればよいのだから、マーケット・メカニズムが機能する。

こんなことは、いわゆる「ネット・オークション」に近いものなので、技術的には今日からでもできる。しかし例えば、「誰かが『自分の作品』としてアップロードしたものが、そもそも『パクり』だった場合、契約や保険などでどうカバーするか?」などといったことを考えると、システム全体としてはまだまだ研究の余地が大きい。しかし、「すべての人びと」が著作権と関わるようになった今日、基本的に「プロ向け」である「集中管理団体」方式(「1」のシステム)でなく、こうした「N対N」で機能できるビジネスモデルが必要なのである。

(3) コンテンツ流通を阻害する「1」の発想

こうした「契約システム」や「ビジネスモデル」への関心がようやく高まり、最近では各省庁や経済団体などによって、様々な「プロジェクト」や「モデル開発」が雨後の筍《たけのこ》のごとく立ち上げられているが、これらの多くは、汎用性のあるシステムとしては、おそらくすべて失敗するだろう。その理由は、そうしたプロジェクト等のほとんどが、「集中管理」を前提とした「1」の発想(「一か所のみに集めようとする」という意味ではない。複数団体による集中管理も同じこと)に陥っているからである。そうしたプロジェクト等を企画する人びと自身が「著作権契約」というものの本質を理解していないために、多くの場合、「○○検討会」や「○○チーム」などのメンバーとして、「これまで著作権契約に携わってきた」という「専門家」(集中管理を行ってきた団体の人びとなど)を招いている。これが、基本的な失敗だ。

既に述べたように、「市場《しじょう》」があっても「市場《いちば》」がないという「N対N」の混沌状況に対応するため、従来は、「集中管理団体」による「1対N」の方式(「不動産屋」型)が広く採用されてきたが、今日では、「1対1」の方式(「着メロ」型)、「N対N」の方式(「出会い系サイト」型)、「N対1」の方式(「サイト・ライセンス」型)などに、急速に多様化しつつある。このような時代に、旧態依然たる「集中管理」の世界の「専門家」を集めても、「新しいビジネスモデルのアイデア」など出てくるはずがない。そのような「検討会」などでは、いつも「誰かがアレもコレも全部集中管理してくれれば(全体を「1」にできれば)、一気に流通が拡大するんだけどねぇ」などという愚痴が飛び交うだけなのである。

一見「成果が上がった」ように見えるプロジェクトであっても、ほとんどの場合は、「既に

『集中管理』が行われている『音楽』や『脚本』などの世界だけで契約が完結するようなコンテンツ」に対象を限定してしまっている。ブロードバンド上を飛び交う複雑な(多くの「部品」や「権利者」が関係する)コンテンツについて検討が必要なのは、そうしたものではなく、「組織化されていない多くの権利者」や「権利を集中管理できない多くの部品」について、効率的に契約ができるシステムなのである。

JASRACにお金を払える幸せ?

こうした検討などを進める中で、多くの人びとが「JASRACの有難さ」を理解するようになり、最近JASRACの評判が以前より良くなっている。かつては、音楽を使おうとすると必ずシャシャリ出てくるJASRACは嫌われ者だった。しかし、多くの部品を含む「マルチメディア」や「ブロードバンド・コンテンツ」についての著作権契約が課題になってくると、「ほとんどの音楽については、JASRACに利用料を払っておきさえすれば必ず使える」——個々の作曲家を探し出す必要はなく、JASRACは絶対に利用を拒否しない——という、実質的に「報酬請求権」に近いシステムがいかに有難いか、ということが理解されてくる。

つまり、コンテンツ流通の促進にとっての契約問題は、音楽や脚本などの「既にいくつかの団体によって集中管理されている部品コンテンツ」ではなく、「それ以外の（集中管理されていない）多種多様な部品コンテンツ」（の権利者）についてのものなのである。このことがようやく理解されてきたわけだが、そうなると、「ルール感覚」や「契約マインド」のない人びとが、「権利を集中管理して窓口を一本化しようとしない権利者側がケシカラン」とか、「政府から権利者に指導をして窓口を一本化させよ」などということを言い出す。これらの「自分中心」「独善」「相手の利害無視」の主張のどこがおかしいかということは、もう説明する必要はないだろう。「権利者側に集中管理をしてほしい」と思うのであれば、権利者が自然に「そうしたい」と思うようなスキームを、利用者側が自ら考えて提案するしかないのである。

ビジネスの基本は「N対N」

そうした「集中管理」による「窓口一本化」については、それができる業界とできない業界がある。既に述べたように、「音楽」の場合は、膨大な数の作詞・作曲家（権利者）がつくり出す膨大な量の音楽があり、それが膨大な場面で日々使われている。このため権利者たちは、「有名でも無名でも同じギャラ」という「統一利用料」を受け入れて、ＪＡＳＲＡＣなどの団体と集中管理の契約をしているのだ。

これと同じことを目指して数十年間努力しても達成できないのが、写真家の団体だ。これは、「音楽」と「写真」とでは、つくる人、つくられる量、使われ方などについて、大きな差があるためだ。アマチュアが撮ったスナップ写真と、有名写真家が撮った写真が同じ利用料だ——というのでは、有名写真家の方が納得しないだろう。よく考えてみれば、集中管理が行われているコンテンツの方が種類の上で少数であり、「音楽」や「脚本」などに限定されているのである。つまり、つくられ方や使われ方の面で「極めて特殊なコンテンツ」である「音楽」の集中管理を見て、あらゆるコンテンツについての「契約システム」や「ビジネスモデル」を集中管理前提の「1」の発想で考えてしまっているところに、致命的な誤りがある。

また、よく考えればすぐに分かることだが、そもそもあらゆるビジネスや契約は、「N対N」で行うものだ。例えば、「セールス」とか「営業」などといった仕事を靴をすり減らしながら日々行っている人びとは、それぞれ契約をしてくれそうな会社などに飛び込み、なんとか説明を聞いてもらい、うまく交渉して、契約を取って帰ってくるわけであり、日本中で日々何万人という人びとが、そうした地道なビジネスを行っている。そうしたセールスマンなどが、「ウチの会社と契約しそうな会社が、全部まとまって契約窓口を一本化してくれて、そこだけに行けば価格交渉もしないで必ず全社から契約が取れる——ってことになれば、オレの仕事も楽になるんっすよね」などと真顔で言ったら、上司から笑い飛ばされるか張り倒されるかのどちらかだろう。ところが、いわゆるコンテンツ・ビジネスや著作権契約の話になると、多くの人びとが、何の疑問も感じずにこれと同じことを言っているのである。

「権利処理ルール」とは何か?

ところで、「権利処理ルールの確立」とか「契約ルールの確立」などというおかしなことが、ITに関する政府の文書などの中にさえ出てくるが、これはいったい何だろうか。まず、「著作権ルール」ということばを使う人がいるが、これは使わない方がよい。それでなくても「法律問題」と「契約問題」を混同する人が多い中で、この用語は多くの混乱を生じさせている。

また、著作権が「一部業界の一部のプロ」だけのものだった時代の「権利処理」という古い用語も、もう使用しない方がよい。第一に、これは単なる「契約」ということにすぎないのに、「特別な世界の特別な人びとがしている特別なこと」というニュアンスを持っている。著作権が「すべての人びと」のものになった時代にはふさわしくなく、単に「契約」と呼ぶべきだ。

第二に、「権利処理」とは「既に存在しているコンテンツの利用許諾契約」のことであるが、今後重要になるのはむしろ「つくるとき」の契約である。この観点からも、このようなカビの生えた用語はやめて、より広く「契約」と呼ぶべきだろう。

さらに、「権利処理ルール」とか「契約ルール」などということを言う人がいるが、これには二つの意味があるようだ。第一の意味は、「契約によって当事者同士を拘束するルール」という意味である。これは単に「契約内容」という意味であって、「契約ルール」などという用語を使う必要はない。第二の意味は、「契約をするときに、あらかじめ当事者を拘束するルール」という意味である。本来「私的自治」によって自由に行うものである「契約」について、当事者をあらかじめ拘束するルールなどというものがあるとすれば、それは「民法」や「独禁法」に定められた「法律ルール」のことであるはずだ。ところが実際には、この意味での「権利処理ルール」「契約ルール」ということばは、別の意味で使われている。

例えば、各放送局は、音楽の利用料についてそれぞれJASRACと交渉してもいいはずで、本来は独自に契約交渉をしたいはずなのであるが、実際には「民放連(日本民間放送連盟)」が出てきて、JASRACと交渉している。その結果として決まったものが、「権利処理ルール」とか「契約ルール」などと呼ばれているのだ。各放送局は、JASRACと民放連が「あらかじめ決めてしまった契約条件」に「拘束されてしまう」(交渉の余地を奪われる)わけだが、逆に言うと、その契約条件なら「利用を拒否されず、必ず契約できる」(交渉の手間がはぶける)

のである。つまり、こうした意味での「権利処理ルール」「契約ルール」とは、集中管理とは別の意味での「1」の発想(横並び主義)に基づくものなのである。

経済産業省のある官僚は、「経済産業省が言う『権利処理ルールの確立』とは何のことですか?」という問いに対して、「要するに(その金額を支払えば、権利者から利用を拒否されず、必ず契約できるという)『料率』を決めることです」と答えていたが、多くの人びとは、そうした状況のことを「権利処理ルールが確立された状態」と呼んでいるようだ。この状態——つまり、金さえ払えば個々の権利者が「ストップ!」と言わないという状態——を実現するには、「音楽」などの特殊なコンテンツのみについて行われている「権利の集中管理」が必要であり、こうした「1」の発想では、多くの権利者や多種多様なコンテンツには絶対に対応できないのである。

「1」のシステムの可能性の見極め

これまで述べてきたように、「1」の発想による契約システムには二つのものがある。第一は、JASRACのような「権利の集中管理」であり、また第二は、前記の「民放連」の場合のような、「業界内の合意により各社が基本的に『同じ条件の契約』をするように、団体が会員各社を『仕切る』」という方式だ。

誤解のないように強調しておくが、こうした「1」の方式による契約システムは、「悪」なのではない。それが実現できるなら、「着メロ」の例を出すまでもなく、「1」による窓口一本化の方がいいに決まっている。間違っているのは、各コンテンツの多様な特性を無視して、「すべてのコンテンツを『1』の方式で流通させよう」とするような画一的発想である。つまり、「1のシステムでいける分野・コンテンツ」と「いけない分野・コンテンツ」を見極めることが、まず重要なのである。既に述べたように、音楽は「いける」が、写真は「いけない」のだ。

現在の過渡期において新しい「契約システム」「ビジネスモデル」を作ろうとしている人びとにとっての問題は、どの分野・業界のどんなコンテンツについて、こうした「1」のシステム(「集中管理方式」または「業界仕切方式」)が実現する見通しがあるのか、また、それはいつごろになるのか——ということが分からないことである。あるコンテンツについて、権利者の団体がJASRACのような「1」のシステムの実現に向かっているのであれば、「それを待つ」という方法や「それを支援する」という方法があるし、また、「1」のシステムが簡単にはできないコンテンツについては、「N対N」のシステムづくりに投資する方がよい。

「レコード製作者」「実演家」の団体の意思・能力

現時点での最大の問題は、「ブロードバンドでの音楽の利用」について、「著作隣接権」の一部として「送信可能化権」(許諾権)を持つ「レコード製作者」と「実演家」の団体が、この権利を集中管理する意思の有無に関し、明確な態度を示していないということだろう。これらの団体はほとんど(黙っていても利用料が振り込まれてくる)「報酬請求権」しか扱ったことがなく、JASRACのような苦労をして、権利者から許諾権を集めたという経験がない。

コンテンツのブロードバンド配信に関する各省庁や経済団体の研究会などには、「レコード製作者」「実演家」の団体も呼ばれているようであるが、この両団体をこうした研究会に呼ぶ価値があるとすれば、それは、①JASRACのように「権利の集中管理」を行うか、②民放連のように「会員の契約内容を仕切る」――という意思・能力がある場合だけなのである。

(4) 新しい世界――「権利ビジネス」と「保険」

この節のタイトルは「『コンテンツのマーケット』と『著作権ビジネス』」だったが、これまで述べてきたことはすべて、「権利ビジネス」ではなく「コンテンツ・ビジネス」に関することである。ブロードバンドを使ったビジネスの可能性が広がるにつれ、コンテンツの流通に関するビジネスやプロジェクトが広く展開されつつあるが、実は多くの人びとが、「コンテンツ・ビジネス」と「権利ビジネス」を混同している。

「コンテンツ・ビジネス」と「権利ビジネス」

「コンテンツ・ビジネス」とは、当然のことながら「コンテンツ」の「創作」や「流通」を行うビジネスであるが、その意味では、伝統的な出版・映画・放送などもコンテンツ・ビジネスである。こうした伝統的なビジネスが引き続き行われているのにコンテンツ・ビジネスが脚光を浴びているのは、衛星通信やブロードバンドなどのためだろう。しかしこれは、単に「コンテンツを運ぶメディア」が変わっただけであって、よく考えてみれば大した変化ではない。

これらは「著作権で保護されるもの(コンテンツ)に関するビジネス」ではあっても、「(著作権そのものを扱う)権利ビジネス」ではないのである。「これまで自転車で運んでいた牛乳」を「トラックで運ぶようになった」からといって、突然「自動車産業」になるわけではないのだ。

「権利ビジネス」とは、(権利が及ぶ)「コンテンツ」ではなく、「権利」そのものを扱うものであって、この部分について全く新しい世界が拓けつつある。従来からあるJASRACなどもちろん権利ビジネスの一種だが、その仕事は、「多くの権利者の権利を一か所に集める」という単純なものだった。今後はもっと多様なビジネスが考えられるはずだ。

こうした「権利」そのものに関するビジネスは、日本でもようやく注目されつつあり、信託業法などの法律ルールの改正も進められているが、まだイメージが湧かない人が多いようだ。例えば、次のようなビジネスがあり得る。人気のあるキャラクター作家や小説家などで、年間一〇〇〇万円の印税収入がある人がいたとする。この人がこの印税を二〇年間ためると二億円になり、新しいビジネスが起こせるが、二〇年も待つのは大変だ。そこで、例えばいわゆるＳＰＣ(特定目的会社)法によるＳＰＣと呼ばれる会社が、この人の著作権について信託を受け、二億円を支払う。これによってその作家は、ビジネスを起こせるわけだ。

一方でＳＰＣは、この二億円を一〇万円×二〇〇〇口の証券に分けて、市場に流通させる。毎年一〇〇〇万円の収入があるわけだから、これを二〇〇〇口で割ると一口あたり五〇〇〇円の収入となり、最低利回りは年に五％となる。さらにこのＳＰＣが、コンテンツの活用・流通を行う企業等と連携して印税収入を拡大すれば、証券の利回りが上がって証券自体も高値で流通することになる。

出演料五〇億円のワケ

また、「権利ビジネス」が発達したアメリカにはもっと多様なビジネスがあるが、例えば、あるハリウッド映画について、製作費総額が二〇〇億円で、主演俳優のギャラがそのうち五〇億円——などということがよくある。なぜ、そんなに高額の出演料が支払われるのだろうか。

新しいコンテンツをつくるには「資金」がいる。そのコンテンツがマーケットで成功すれば、将来十分な収益が得られるのだが、製作段階ではまだ資金がない。この場合「融資」を受ける必要があるが、担保にできるのは「これからつくる映画の著作権」だけだ。「これからつくるコンテンツの著作権」で金を貸す銀行は、日本にはほとんどない。ある小説家が「来年すごい小説を書くんです」などと言っても、どれだけ売れるかは事前に分からないからだ。ところが、ハリウッド映画の場合は分かるのだ。なぜかというと、例えば「シュワルツェネッガーの主演作品で、過去の興行収入が×××万ドルを下回った例はない」などといったデータや事前評価システムがあり、主演俳優が大きなメルクマールになっている。そうなると、そのクラスの俳優の数は限られているので、需要と供給の関係でギャラが五〇億円——ということになるのである。それでも、それによって二〇〇億円集められるのであれば、何の問題もない。

さらに、二〇〇億円を出す銀行等は、この著作権を預かって、前記の例のように、これを一口につき一〇〇万円くらいの証券に分け、市場に流通させる。広く負担と危険を分散するわけであり、映画の興行成績がいいと配当も多くなって、流通価格も変動する。

実際にはもっと複雑なシステムが動いているのだが、この例の場合は、映画というコンテンツが作られる前に、(将来発生する)権利だけが流通するようなビジネスになっている。これに対して前記のSPCを活用した例の場合は、「コンテンツ」「著作権」「利用料のフロー」が既に存在している場合の権利ビジネスの例だ。日本のコンテンツ業界も、金融セクターとの連携を進め、「資金」や「権利」に関する従来の単純すぎるやり方を乗り越えたシステムを持たないと、大きな発展は望めないだろう。

気づかれていない「リスク・マネジメント」の重要性

ところで、前記のような例において、映画の完成前に主演俳優が交通事故で急死したらどうなるだろうか。実はアメリカの映画会社は、そのような場合に備えて、「完成できなかった場合」に支払われる「保険」に必ず入っているのである。それだけでなく、アメリカでは極めて多様な「保険」が、「コンテンツ・ビジネス」や「権利ビジネス」を取り巻いている。「保険」とは、そもそも将来における「不確定な事態」や「好ましくない事態」に備えるためのものだが、日本でコンテンツ・ビジネスに関わる人の中で、「保険」の重要性に気づいている人は、まだ非常に限られているようだ。

本書でも「コンテンツをつくった著作者が権利を持つ」などと当然のように述べており、世の中の多くの人びとがこのことに何の疑問も持っていないようだが、よく考えてみると、あるコンテンツについて「誰が著作者か?」ということは、「絶対に分からない」のだ。仮に創作の瞬間を見ていたとしても、それはその人の作品ではなく、単に「記憶していた他人の作品を書いただけ」かもしれない。「実は私のです」と名乗り出てくる人がいるかもしれないし、さらに言えば、その名乗り出てきた人もウソを言っているかもしれない。要するに、「何も分からない状態」の中で、「この人が権利者だろう」という前提ですべてのビジネスが行われているだけであり、裁判で決着するまでは、もともと法的に不安定な状況に置かれているのだ。

ましてアメリカのように、「いつでも、どこでも、誰でも訴訟を起こす」ような社会では、常に「訴えられる」ということを想定していなければならない。既に述べたように、「不確実な状況」に対応するのが「保険」の役割だが、アメリカでは、訴えられた場合に対応するための保険も発達している。日本のある放送局は「投稿された『おもしろビデオ』は(ウッカリ放送して著作権侵害で訴えられては大変なので)絶対に放送しない」という方針をとっているそうだが、これは、極めて日本的な「何でも法律直接適用で」「法律の適用関係が不明確な場合は何もしない」という態度であって、これではビジネスが拡大しない。

アメリカでは、第一に、部品も含めて権利関係や契約関係を明示した「チェーン・オブ・タイトル」が常に用意され、第二に(そこにウソがあった場合などに備えて)コンテンツを持ち込んだ者との間で「第三者から訴えられた場合」の責任関係も含めた詳細・明確な契約が交わされ、第三に(それでも自分が訴えられるような)万一の場合に備えて「保険」がかけられている。

あらゆるビジネスには、こうした「リスク・マネジメント」(「悪いこと」が「絶対に起こらないようにしようとする」のではなく、「起こる確率をできるだけ下げる」とともに「起こるという前提」でそれに「備えておく」——ということ)が必要であり、「誰が著作者かということは、絶対に分からない」という著作権の世界では、なおさらなのである。

このように、コンテンツや権利に関する今後のビジネスは、コンテンツの創作、コンテンツの流通、権利の流通、保険等によるリスク・マネジメントなど、極めて多様な「契約システム」「ビジネスモデル」が縦横に絡み合うものにならなければ発展は望めない。そのような状況を考えると、映画もレコードもゲームソフトも、日本でコンテンツ・ビジネスなどと呼ばれているものの大部分は、極めてプリミティブな状態にある——ということが理解できよう。

第七章　国際政治と著作権

1 「国際政治問題」になった著作権

著作権は、国際的な場面でも話題になることが多くなってきた。しかしこれは、「著作権というものが、国内的な課題から国際的なものに発展した」ということを意味するものではない。なぜかというと、著作権というものは、一〇〇年以上も前から「国際的な課題」であり続けてきたからだ。必然的に国境を越えて流通するコンテンツに関する権利が、ある国では存在するが他の国にはない——というのでは混乱が生じるし、特に、著作権というルールの発展をリードしてきたヨーロッパは、小さな国々が陸続きで隣接している。このため、「著作権②」に関する基本条約である「ベルヌ条約」は、既に一八八六年に制定されていたのである。

実際に起こってきたことは、まず第一に、かつては主として「芸術文化」のためのものだった著作権というものが、「産業経済」との関係を深めてきたということである。この背景には、①保護されるコンテンツがコンピュータ・プログラム、データベース、ゲームソフトなどに拡大してきたこと、②コピー用の媒体がCD-ROM、DVD、ハードディスクなどに変化してきたこと、③コピー以外の利用形態が衛星通信やブロードバンドなどに拡大してきたこと、などといった変化があった。今日の企業のほとんどが、著作権に関するノウハウを持っていないと、権利者としても利用者としても、ビジネスがうまくいかないという状況に直面している。

第二に起こってきたことは、「国際政治」というものの中で「経済問題」が大きな比重を占めるようになった、ということである。国際政治とは、それぞれ正義を決定できる主権国家が、各々の「国益」（民主国家にあっては「国民の幸せ」のこと）を追求する場のことであるが、そこで国益を追求するための主な「手段」が、かつての軍事などに代わって、「経済」になってきたのである。各国はより巧妙に、貿易や為替や投資などに関する国際システムを自国に有利なものにすることによって、国益を目指すようになってきた。

「有利な貿易環境」の追求

ところで、「著作権」が「経済問題」になったということと、「経済問題」が「国際政治問題」の中心になったということを足し算すると、「著作権」が「国際政治問題」になったということになるはずだが、まさにそうしたことが起こっているのである。つまり、「著作権問題の国際化」が起こったのではなく、著作権とはほとんど無縁な次元で動きつづけてきた「国際政治」という世界に、著作権がそのため（国益追求のため）の「手段」のひとつとして組み込まれてしまった、ということだ。こうした動きは、別の言い方をすると、「国際著作権システムが目指す目標が『相対化』されてしまった」ということを意味している。一八八六年に制定された「ベルヌ条約」は、ビクトル・ユゴーなどの芸術家たちが作ったものであった。当時の人びとの意識は、「国や民族を越えて人類共通の価値を持つ文化的資産を、国家間の政治問題などとは関係なく、世界中の人びとが手を取り合って守っていこう」ということだったのだ。

しかし今日では、多くの国が「自国に有利な貿易環境」(場合によっては、著作権に名を借りた「非関税障壁」)を実現するための単なる「手段」として、著作権を見るようになった。つまり、かつては「人類共通の価値を持つ文化的資産の保護」という「ひとつの目標」に向かっていた国際著作権システムの意味が、「各国のそれぞれバラバラの国益」という「別々の目標」を目指すための手段になってしまったわけだ。

2 アメリカが招いた国際著作権システムの混乱

このような変化を引き起こしたのは、主としてアメリカの動きである。既に述べたように、アメリカという国は先進諸国の中で「著作権①」の保護水準が最も低い。しかし、アメリカは他国に対して常に「著作権の保護が不十分だ」という攻撃や宣伝を行ってきたために、攻撃されている国の国民でさえ、不勉強な人は「アメリカは著作権保護の水準が高い」という、事実とは逆のイメージを持ってしまっているようだ。よく見てみると、アメリカが他国への攻撃材料に使っているコンテンツは、ほとんど常に「レコード」と「コンピュータ・プログラム」だけであり、その他のコンテンツについては言及されていないことが多い。これは、この二つのコンテンツだけが、アメリカが他国よりも強く保護しているものだからなのである。

既に述べたようにアメリカの「国際著作権戦略」は、「アメリカがたくさん作っているものは外国でコピーできず、外国がたくさん作っているものはアメリカでコピーできるようにする」という状況を目指した、極めて単純なものであるが、そうした「メリハリ」のある制度を作ることができたのは、もともとアメリカの著作権保護の水準が国際的に見て低かったからだ。そのような国が「国際著作権システムを自国に有利な方向に持っていくことによって、有利な貿易環境を実現できる」ということに気づいてしまったのである。

「コンピュータ・プログラム」をどう保護するか?

このようなアメリカの戦略が最初に世界を動かしたのは、一九七〇年代から一九八〇年代にかけて、「コンピュータ・プログラムをどう保護するか」ということが国際的な課題になったときだった。結局この問題は、アメリカの強力な圧力によって、ヨーロッパでも日本でも、「特許」のような新制度ではなく「著作権」によって保護することとされた。現在では、(特許権が設定されているかどうかに関わりなく)すべてのコンピュータ・プログラムを著作権で保護する——ということは条約に明記されており、国際的な常識となっている。しかし、「本当にそれでよかったのか?」ということについては、いまだに議論があるのだ。

では、なぜアメリカは、著作権による保護にこだわったのだろうか。その主な理由は、「コンピュータ・プログラムは、コピーしないと見えない」ということにある。既に述べたように、現在の国際著作権ルールには「無断で知覚=アクセスされない権利」というものはないので、既存の音楽を聴いてアイデアを学ぶことや、既存の小説を読んでアイデアを学ぶことは、(表現のコピーさえしなければ)合法である。つまり、先人がつくったコンテンツは、社会に対してオープンになっており、「知覚行為」をするのは自由なのだ。特許についても同様で、トヨタ自動車が日産自動車の車を分解して「中を見る」のは自由なのである。

ところがコンピュータ・プログラムについては、先行企業がつくったものを「見る」(アイデアを学ぶ)ためには、パソコンの中にインストールしてディスプレイに表示する必要がある。

この「インストール」が既に「コピー」なのだ。つまり、コンピュータ・プログラムを著作権で保護し、「無断でコピーできない」ということにすると、「無断で見られない」という効果を持つ(実質的に、既に述べた「アクセス権」を得られる)ことになる。こうすれば、アメリカの先行企業がつくったコンピュータ・プログラムの中身を他国の企業に見せない――ということが実現され、アメリカにとって極めて有利になるのだ。

「レコード」をどう保護するか？

コンピュータ・プログラムの保護は、アメリカの強引な運動によって既に勝負がつき、世界中でほとんど同じ保護が行われているが、「レコード」については奇妙な「ねじれ」が起きている。アメリカは、「著作権①」の保護水準が先進国中で最も低いのだが、「レコード」のみについては、他の先進諸国よりもずっと強い保護を行っているのだ。

既に述べたように、アメリカは「著作隣接権」を全く保護しておらず、その用語や概念さえ認めていない。ところが、一九六〇年代にレコード業界が政治力を付け、レコードの保護を行わざるを得ない政治状況が出現した。しかし、「著作隣接権」の保護を開始すると「実演者」の権利も保護せざるを得なくなり、それではもっと政治力の強い「ハリウッド」が黙ってはいない（実演者の著作隣接権保護を開始すると、映画のビデオ化やテレビ放送などについて、映画会社が俳優に利用料を支払わなければならなくなる可能性が出てくる）。つまり、「レコードの保護は開始せざるを得ないが、著作隣接権の保護を開始するわけにはいかない」というジレンマに陥ったわけだ。

そこでアメリカ政府が考えついた「苦肉の策」が、「レコード」を「著作物」として（「レコード製作者」を「著作者」として）「著作権③」で保護する――という、国際著作権ルールの常識に反する制度だったのだ。既に述べたように、「著作権③」は「著作隣接権」よりも強い権利なので、結果として、「著作隣接権を保護していないアメリカの方が、レコードの保護という部分だけを見ると、他国よりも保護水準が高い」という「ねじれ」が生じたのである。アメリカ人は何でも自国の制度が世界一と思いがちだ、という指摘もあるが、アメリカ国内では「著作者」として強い権利を持っているレコード製作者たちは、外国では「著作隣接権」しか与えられないために、国際著作権ルールの内容や、アメリカの方が特殊なことをしているということは無視して、「他国では不当に差別されている」などと主張してきたのである。

国際著作権システムを混乱させた「ＴＲＩＰＳ協定」

こうしたアメリカの戦略が、ついに国際著作権ルールを大きく動かしたのが、GATTウルグアイ・ラウンドの結果として、一九九四年にWTO協定の一部として制定された「TRIPS(トリップス)協定」(知的財産権の貿易的側面に関する協定)である。当時のアメリカ政府高官は、「TRIPS協定は、アメリカの著作権法を基準にして、それ以上でもなく、それ以下でもないものにさせた」と豪語していたが、まさにこの条約は、アメリカ著作権法の中のアンバランスな状況を、国際著作権システムに持ち込んでしまったのだ。

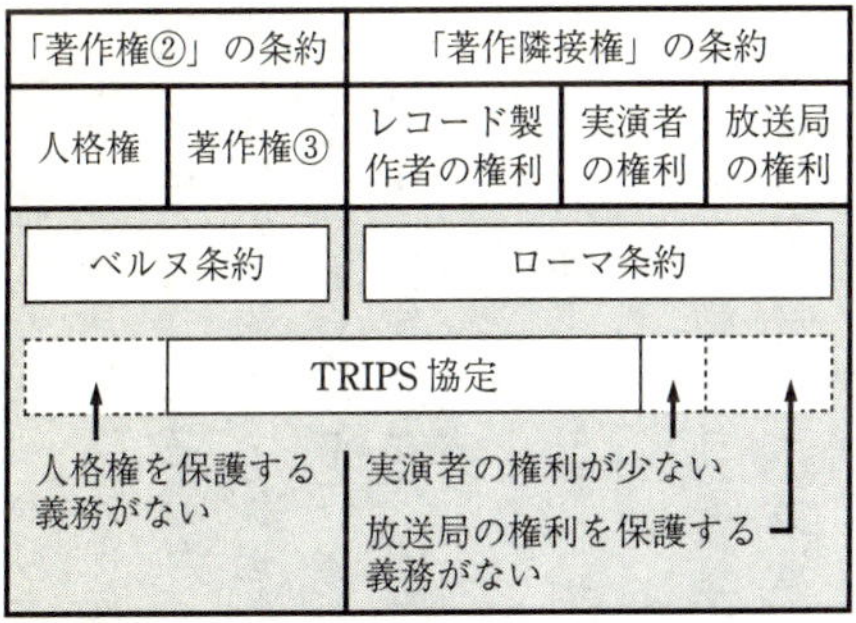

図13　著作権基本条約と「TRIPS協定」

　それまでの国際著作権条約は、図13のように、「著作権②」のベルヌ条約と「著作隣接権」のローマ条約に、きれいに分かれていたが、TRIPS協定はその両者をカバーした。にもかかわらず、アメリカが十分に保護せず「ベルヌ条約違反」と指摘されている(国際的に保護したくない)「人格権」の部分は、保護対象から除外されてしまった。WTOには「提訴」や「報復措置」などの制度があるため、人格権を加えると、アメリカがどんどん提訴される危険性があったからである。

また、アメリカが強く保護したい「レコード製作者」の権利については、それまでの条約と比べて極端に強い保護が与えられたが、逆に、アメリカが保護したくない「実演者」の権利はそれまでの条約よりも後退した内容とされ、「放送局」の権利にいたっては、「全く保護しなくてもよい」ということにされてしまったのである。こうしたことから、「アメリカ主導で作られたTRIPS協定は、国際著作権システムの混乱を招いた」と言われている。

3 途上国も黙ってはいない

このような動きを見て、アジア、アフリカ、ラテンアメリカなどの途上国も、黙ってはいない。彼らから見ると、最近の著作権条約で次々に定められてきた「コンピュータ・プログラム」「データベース」の保護や、「インターネット」「コピー・プロテクション」への対応などは、すべて先進国に有利なものであって、後から追いかける途上国に不利を強いるものと映る。環境問題などとも類似しているが、途上国は、「先進諸国の産業も、国際著作権制度が整備されるまでは、外国のものをパクッて発展してきたではないか。今になって我々にだけ高いハードルを課すのは、先進国の優位を固定化しようとするものだ」と主張している。中国政府は、対米外交交渉において、「中国人が発明してアメリカの産業が活用してきた、羅針盤、紙、火薬などについて、アメリカはこれまで利用料を払っていないではないか」と本気で主張した。この話を聞くとジョークと勘違いして笑い出す人が多いが、それは、「先進国側の論理」に染まってしまっているからなのかもしれないのだ。

途上国に対しては、かつては「著作権制度は、人類共通の価値を持つ文化的な資産を、世界のすべての人びとが手を取り合って守っていくのだ」「目標はひとつであり、たまたま先進諸国が先を行っているだけなのだ」「あとからついてきてくれ」などといった論理が通用していた。しかし今日では、先進諸国がそれぞれ「バラバラの国益」を目指している(アメリカとEUの間には極めて大きな対立があり、また、EUの内部でも、英仏独等と北欧諸国の間などに大きな対立がある)ということが、国際会議などでも露骨に見えるようになっており、途上国の多くは、「そういうことなら、こちらにも考えがある」という動きを強めつつある。

「フォークロア」を保護するか？

つまり途上国は、「こちらが有利になるものも保護せよ」という動きを展開しているわけだが、その代表とも言っていいものが、いわゆる「フォークロア」(民間伝承、民族文化財)を保護すべきという主張だ。これには、有形のものとして、その民族特有の絵画、彫刻、陶磁器、モザイク、木工、金属製品、織物などが含まれ、無形のものとして、歌、音楽、踊り、物語などが含まれる。こうしたものの多くが、先進国の企業によって、「Tシャツのデザイン」や「レコード」などに使われているが、現在の国際著作権ルールでは(古くからあって、誰がつくったのか明確でないため)保護対象とはされていない。

例えば、「サイモンとガーファンクル」は、『コンドルは飛んでいく』という曲で大儲けしたが、この曲がもともとペルーの人びとによってつくられ、大切に伝えられてきた民謡であるにもかかわらず、彼らはペルーの人びとに利用料を支払っていない。ペルーの人びとから見れば、「我々の(祖先の)知的な創作物を勝手に使って儲けている」ということになるのだ。また、タヒチアン・ダンスを使って儲けている「○○ハワイアン・センター」やプロのダンサーは、タヒチに利用料を払うべきだ――という主張も行われている。この話を聞くと、「そんなバカな」と言って笑い出す人が多いが、「自分で買った本でも、原則として勝手にコピーしてはいけない」と言われて、「そんなバカな」と笑い出す人もいまだにいるのである。

さらに、国際的に普及している「バンジー・ジャンプ」は、もともとバヌアツという島国の神聖な「通過儀礼」(男の子が大人として認められるために通過しなければならない試練)であり、これによって死ぬ子もいる。そうした崇高な行為を無断でスポーツにし、製品を売ったということで、バヌアツ政府がニュージーランドの企業を特許権侵害で訴えたことがあった。もちろん勝訴はしなかったが、これも途上国による強烈なアピールのひとつだったのである。

各国がそれぞれに有利な国際ルールを主張してよいというのであれば、こうした途上国の主張にも十分な根拠があるのであり、笑い出す人びとは、まだ「守るべき権利」に気づいていないか、あるいは無意識に先進国の利益の側に立ってしまっているのかもしれないのだ。この問題は、フォークロアをどう保護するか、といった個別の制度の問題として考えるべきものではなく、国際的な著作権システムはいったい何のために存在するものなのか——という根本的な問題を提起しているものと考えるべきだろう。

おわりに

本書の中で述べてきたように、「一億総クリエーター、一億総ユーザー」という時代が突然に訪れ、「一部業界の一部のプロ」だけでなく「すべての人びと」が、著作権と無縁ではいられないという状況に直面している。「法律ルール」「契約・流通システム」「国際問題」「著作権教育」「司法制度」など、すべてにわたって大きな転機を迎えつつあるわけだが、著作権の保護は、それ自体が目的なのではなく、人びとが幸せになるための「手段」にすぎない。

したがって、すべてのルールやシステムは、著作権と関わるようになった「すべての人びと」のために作られるべきだが、繰り返し述べてきたように、著作権の世界には「宿命的な対立構造」が存在している。そうした対立構造の中で建設的なルールづくりやシステムづくりを進めていくためには、すべての人びとが民主主義の基本である「異なる立場の相対化」を行い、憲法のルールにしたがって自ら行動することが必要なのである。

また、国際社会の中の日本という視点から見ても、(著作権問題に限ったことではないが)日本という国が国全体としてどう行動するのかということについて、大きな転機が訪れている。日本の著作権保護は、幕末の不平等条約の解消という切実な要請から開始され、かつては、ヨーロッパ諸国に追いつくという、ある意味で「単純な目標」をもって進められてきた。しかし、既に述べたように今日では、日本の著作権保護は、インターネット対応を中心に既に世界最高水準に達しており、「お手本なき世界」に突入している。

今後は、どのような権利をどうすることが「人びとの幸せ」になるのか、また、「特定業界」の保護・優遇と「人びとの幸せ」はどのように結びつくのか、さらには、憲法の前文にあるように、日本人が「国際社会において、名誉ある地位を占め」るためには、途上国のことも考えつつ、どのような国際ルールを提案すべきなのか——といったことを、著作権に関係するようになった「すべての人びと」が、「自分の問題」として考え行動すべきだろう。日本が自由と民主主義の国である以上、これらすべてのことは、国民の意思にかかっているのである。

本書では、紙面の制約によって、権利制限規定の適用条件等については詳細に記述することができなかったが、実務上の問題については、㈳著作権情報センターの無料電話相談(〇三 - 五三五三 - 六九二二)やホームページ(www.cric.or.jp)などを活用していただきたい。

ま 行

や 行

ら 行

アルファベット

た 行

な 行

は 行

索　　引

(掲出ページは主な箇所のみを示す)

岡本 薫

1955年 東京都に生まれる
1979年 東京大学理学部卒業．文化庁（国際著作権課長等），文部省（生涯学習企画官，学習情報課長等），OECD（科学技術政策課研究員等）などを経て，2001-03年，文化庁著作権課長．
現在一文部科学省学術研究助成課長，一橋大学大学院講師
著書一『学校情報化のマネジメント』（明治図書）
『インターネット時代の著作権』（全日本社会教育連合会）
『国際化対応の重要ポイント』（同上） ほか

著作権の考え方 岩波新書（新赤版）869

2003年12月19日 第1刷発行

著 者 岡《おか》本《もと》 薫《かおる》

発行者 山口昭男

発行所 株式会社 岩波書店
〒101-8002 東京都千代田区一ツ橋 2-5-5

電 話 案内 03-5210-4000 販売部 03-5210-4111
新書編集部 03-5210-4054
http://www.iwanami.co.jp/

印刷・三陽社 カバー・半七印刷 製本・桂川製本

ISBN 4-00-430869-0 Printed in Japan

岩波新書創刊五十年、新版の発足に際して

岩波新書は、一九三八年一一月に創刊された。その前年、日本軍部は日中戦争の全面化を強行し、国際社会の指弾を招いた。しかし、アジアに覇を求めた日本は、言論思想の統制をきびしくし、世界大戦への道を歩み始めていた。出版を通して学術と社会に貢献・尽力することを終始希いつづけた岩波書店創業者は、この時流に抗して、岩波新書を創刊した。

創刊の辞は、道義の精神に則らない日本の行動を深憂し、権勢に媚び偏狭に傾く風潮と他を排撃する驕慢な思想を戒め、批判的精神と良心的行動に拠る文化日本の躍進を求めての出発であると謳っている。このような創刊の意は、戦時下においても時勢に迎合しない豊かな文化的教養の書を刊行し続けることによって、多数の読者に迎えられた。戦争は惨澹たる内外の犠牲を伴って終わり、戦時下に一時休刊の止むなきにいたった岩波新書も、一九四九年、装を赤版から青版に転じて、刊行を開始した。新しい社会を形成する気運の中で、自立的精神の糧を提供することを願っての再出発であった。赤版は一〇一点、青版は一千点の刊行を数えた。

一九七七年、岩波新書は、青版から黄版へ再び装を改めた。右の成果の上に、より一層の課題をこの叢書に課し、閉塞を排し、時代の精神を拓こうとする人々の要請に応えたいとする新たな意欲によるものであった。即ち、時代の様相は戦争直後とは全く一変し、国際的にも国内的にも大きな発展を遂げながらも、同時に混迷の度を深めて転換の時代を迎えたことを伝え、科学技術の発展と価値観の多元化は文明の意味が根本的に問い直される状況にあることを示していた。

その根源的な問は、今日に及んで、いっそう深刻である。圧倒的な人々の希いと真摯な努力にもかかわらず、地球社会は核時代の恐怖から解放されず、各地に戦火は止まず、飢えと貧窮は放置され、差別は克服されず人権侵害はつづけられている。科学技術の発展は新しい大きな可能性を生み、一方では、人間の良心の動揺につながろうとする側面を持っている。溢れる情報によって、かえって人々の現実認識は混乱に陥り、ユートピアを喪いはじめている。わが国にあっては、いまなおアジア民衆の信を得ないばかりか、近年にいたって再び独善偏狭に傾く惧れのあることを否定できない。

豊かにして勁い人間性に基づく文化の創出こそは、岩波新書が、その歩んできた同時代の現実にあって一貫して希い、目標としてきたところである。今日、その希いは最も切実である。岩波新書が創刊五十年・刊行点数一千五百点という画期を迎えて、三たび装を改めたのは、この切実な希いと、新世紀につながる時代に対応したいとするわれわれの自覚とによるものである。未来をになう若い世代の人々、現代社会に生きる男性・女性の読者、また創刊五十年の歴史を共に歩んできた経験豊かな年齢層の人々に、この叢書が一層の広がりをもって迎えられることを願って、初心に復し、飛躍を求めたいと思う。読者の皆様の御支持をねがってやまない。

（一九八八年一月）